郑和

南京郑和研究会·著

符号江苏·口袋本

ZHENG HE

江苏凤凰美术出版社

图书在版编目（CIP）数据

郑和 / 南京郑和研究会著. -- 南京：江苏凤凰美术出版社，2024.2
（符号江苏·口袋本）
ISBN 978-7-5580-9968-7

Ⅰ.①郑… Ⅱ.①南… Ⅲ.①郑和下西洋-研究 Ⅳ.①K248.105

中国国家版本馆CIP数据核字(2023)第200579号

责任编辑　舒金佳
设计指导　曲闵民
责任校对　郁周凌平
责任监印　张宇华
责任设计编辑　赵　秘

书　名	郑和	
著　者	南京郑和研究会	
出版发行	江苏凤凰美术出版社（南京市湖南路1号　邮编：210009）	
制　版	南京新华丰制版有限公司	
印　刷	南京新世纪联盟印务有限公司	
开　本	787mm×1092mm　1/32	
印　张	5.25	
版　次	2024年2月第1版　2024年2月第1次印刷	
标准书号	ISBN 978-7-5580-9968-7	
定　价	45.00元	

营销部电话　025-68155675　　营销部地址　南京市湖南路1号
江苏凤凰美术出版社图书凡印装错误可向承印厂调换

"符号江苏"编委会

主　任　张爱军

副主任　赵金松　章朝阳　胡　竹　徐　海

委　员　张潇文　樊　明　陈　敏　龚文俊
　　　　周　彬　王林军　刘沁秋　白立业
　　　　徐　辰　舒金佳

目　录

前　言 …………………………………… 001

第一章　立命——天降大任　赐名郑和
（1371—1404）

第二章　受命——备船开洋　重任在肩
（1404—1405）
一、洪武年间的海禁政策…………………………………013
二、永乐年间的开洋政策…………………………………014
三、永乐朝"开洋"的具体措施…………………………015
四、着令郑和备船下西洋…………………………………021

第三章　使命——和平使者　正使太监
（1405—1422）
一、营造和谐的和平环境，平息海盗及纷争………… 037
二、倡导各国奉行新礼制，开化野蛮及恶俗…………041

三、传授科学知识和技术，提升番国潜实力…………051

四、互通有无，促成命运共同体………………061

第四章 归命——魂归故里 长眠牛首
（1431—1433）

一、病逝古里…………………………………071

二、赐葬牛首…………………………………072

三、郑和墓的发现与建造……………………075

第五章 诰命——英名永存 华侨之神
（1433—2005）

一、与郑和在南京活动相关的遗迹遗址及纪念地……087

二、与郑和相关的国内的遗迹遗址及纪念地…………120

三、郑和下西洋沿线各国各地区的郑和遗址遗迹和

　　纪念地……………………………………134

四、全球代表性郑和文化研究机构……………149

五、在江苏举办的部分郑和研究主题学术会议………153

后　　记………………………………………158

前　言

2017年5月14日，国家主席习近平出席了在北京举办的"一带一路"国际合作高峰论坛开幕式并作了题为《携手推进"一带一路"建设》的主旨演讲，他指出：15世纪初的明代，中国著名航海家郑和7次远洋航海，留下千古佳话。这些开拓事业之所以名垂青史，是因为使用的不是战马和长矛，而是驼队和善意；依靠的不是坚船和利炮，而是宝船和友谊。他还指出："一带一路"建设已经迈出坚实步伐。我们要乘势而上、顺势而为，推动"一带一路"建设行稳致远，迈向更加美好的未来。

习近平主席对郑和下西洋"千古佳话"的评说，内涵深刻，意义重大，体现了中华文明的精髓，体现了尊重全球文明的多样、平等、包容、互鉴、和平与和谐发展的共同愿景，是我国塑造世界新型文明观、构建"人类命运共同体"的立足点。作为郑和下西洋的策源地、始发地，江苏人民和南京人民对此理解得尤为透彻，因为我们了解郑和的生平、理解郑和的使命、仰慕郑和的作为、敬佩郑和的孜孜追求。每当我们去参观宝船厂遗址公园和南京郑和纪念馆，观览淳泥国王历史陈列馆，走访金陵大报恩寺遗址博物馆，祭扫郑和墓，我们的眼前似乎总能闪现郑和的身影，因为这里不仅是郑和曾经奋斗过的地方，而且处处留下了"热爱祖国、睦邻友好、科学航海"的郑和精神。

南京宝船厂遗址公园纪念碑廊西碑亭里有一块钟振振教授填词"望海潮"的《海魂颂》，词曰：

乾坤英气，

炎黄后裔，

文明岂止农桑。

东渡鉴真，

北追徐福，

舳舻千载相望，

玉帛睦群邦。

更郑和奉使，

七下西洋，

廿八年风，

十万里浪，

只寻常。

今当，

日月重光，

看金镶浩瀚，

银镀苍茫；

开罗雅典，

悉尼纽约，

都成隔水邻庄。

楼舶溯初航，

问丝绸海上，

路起何方？

雄魂来归，

宝船编阵发龙江。

好一个"七下西洋，廿八年风，十万里浪，只寻常"。如今的世界只是一个寻常的"地球村"，80亿村民形成"命运共同体"，正沿着郑和开辟的海上丝绸之路，去实现人类的大同。

寻常之举，必将创造不寻常的"中国梦""世界梦"。让我们翻开"符号江苏·口袋本"《郑和》，走近郑和，去感受历史的奇迹，去创造新时代的更多奇迹吧！

南京郑和研究会终身名誉理事长　陈平

2023 年 7 月 11 日

第一章

立命——天降大任　赐名郑和
（1371—1404）

《明史》列传第一百九十二载：郑和，云南人，世所谓三保太监者也。初事燕王于藩邸，从起兵有功。累擢太监。成祖疑惠帝亡海外，欲踪迹之，且欲耀兵异域，示中国富强。永乐三年六月，命和及其侪王景弘等通使西洋，将士卒二万七千八百余人，多赍金币。造大舶，修四十四丈、广十八丈者六十二。自苏州刘家河泛海至福建，复自福建五虎门扬帆，首达占城，以次遍历诸番国，宣天子诏，因给赐其君长，不服则以武慑之。五年九月，和等还，诸国使者随和朝见……和经事三朝，先后七奉使，所历凡三十余国。所取无名宝物，不可胜计，而中国耗废亦不赀。自宣德以还，远方时有至者，要不如永乐时，而和亦老且死。自和后，凡将命海表者，莫不盛称和以夸外番，故俗传三保太监下西洋，为明初盛事云。[1]

郑和祖先源于西域，祖籍在乌兹别克斯坦首府布哈拉，是西域普化力国王的十一世孙，咸阳王赛典赤·瞻思丁·乌马尔的六世孙，他的祖父叫察儿米的纳，父亲叫米

---
[1] 《明史·列传第一百九十二·郑和》。

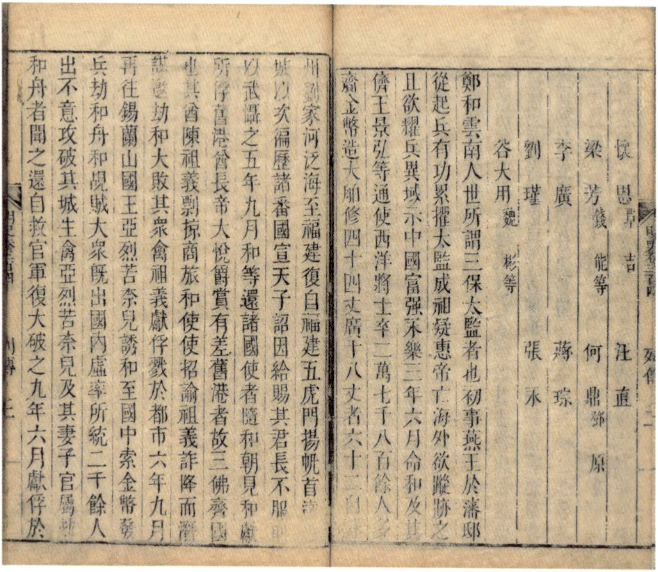
懷恩　覃吉　汪直
梁芳　錢能等　何鼎　鄧原
李廣　蔣琮
劉瑾　張永
谷大用　魏彬等
鄭和雲南人世所謂三保太監者也初事燕王於藩邸
從起兵有功累擢太監成祖疑惠帝亡海外欲蹤跡之
且欲耀兵異域示中國富強永樂三年六月命和及其
儕王景弘等通使西洋將士卒二萬七千八百餘人多
齎金幣造大舶修四十四丈廣十八丈者六十二自蘇
州劉家河泛海至福建復自福建五虎門揚帆首達占
城以次徧歷諸番國宣天子詔因給賜其君長不服則
以武懾之五年九月和等還諸國使者隨和朝見和獻
所俘舊港酋長帝大悅爵賞有差舊港者故三佛齊國
也其酋陳祖義剽掠商旅和使使招諭祖義詐降而潛
謀邀劫和大敗其衆禽祖義獻俘戮於都市六年九月
再往錫蘭山國王亞烈苦柰兒誘和至國中索金幣發
兵劫和舟和覘賊大衆既出國內虛率所統二千餘人
出不意攻破其城生禽亞烈苦柰兒及其妻子官屬劫
和舟者聞之還自救官軍復大破之九年六月獻俘於

图一　《明史》中有关“郑和”的记载，图片由董卫民提供

里金（因朝觐过麦加被尊称为马哈只）。郑和出生于云南，小名 شعبان 桑尔巴、舍尔巴，英译 shaban，是阿拉伯语的“八月”之意。11 岁的郑和被明军掳入宫廷后，小名桑尔巴被汉语唤作“三保”（或“三宝”），这才有了此后“三保太监”（或“三宝太监”）的称谓。

洪武十四年（1381），明朝出动 30 万大军，打算消灭元朝在云南的残余势力。明朝将领傅友德、沐英和蓝玉率军攻打固守云南的元军。洪武十五年（1382）一月六日，

序号	姓名	备注
1	先祖	先祖出生于西域普化力（布哈拉）王国（其地在今乌兹别克斯坦境内）
2	所非尔	所非尔［普化力王国入中国第一代，宋神宗熙宁三年（1070）归附宋朝授本部总管，加封宁彝侯］
3	撒严	所非尔次子
4	苏祖沙	撒严长子
5	坎马丁	苏祖沙长子
6	马哈木	坎马丁长子
7	赛典赤·赡思丁	马哈木长子，为元朝都招讨大元帅，上柱国左丞相，云南行省平掌政事，追封咸阳王
8	纳速拉丁	赛典赤·赡思丁第五子
9	赛典赤·艾布别克尔·拜颜	拜颜平掌，完泽的那可儿，刺桐长官，纳速拉丁长子
10	察儿米的纳	拜颜长子
11	米里金	即马哈只，察儿米的纳长子
12	三保	即郑和，马哈只次子

附表1 郑和家族世系表

梁王把匝剌瓦尔密兵败自杀，云南被明朝的回回部队所占领。随后，蓝玉和傅友德在抓捕的380余名蒙古和穆斯林俘虏中选择一些人作为太监，服务于明朝皇族，三保就是其中一员。

朱元璋晚年，长子太子朱标、次子秦王朱樉、三子晋王朱棡先后去世，故朱元璋四子朱棣不仅在家族尊序上，而且在军事实力上，都成为诸王之首。

洪武十三年（1380）朱棣就藩燕王后，多次受命参与北方军事活动。"二十三年，同晋王讨乃儿不花。晋王怯不敢进，王倍道趋迤都山，获其全部而还，太祖大喜，是

图二　郑和家谱，图片由郑自庆提供

第一章 立命——天降大任 赐名郑和

后屡帅诸将出征,并令王节制沿边士马,王威名大振。"①

洪武二十三年(1390),燕王朱棣奉命统傅友德之军督师北伐,被掳入明军的三保始入燕王藩邸,他多次随军从征漠北、辽东等地,骁勇善战,逐渐锻炼成朱棣手下的一员干将。

图三 明成祖朱棣画像,图片由董卫民提供

建文元年(1399)七月,朱棣以计擒杀朝廷命官张昺、谢贵,率兵乘夜攻夺北平九门,遂据北平。后以尊祖训、诛"奸臣"、为国"靖难"为名,誓师出征。三保跟随朱棣参加"靖难之役",出生入死,转战南北,经历数次重大战役,积累了丰富的实战经验。为此,朱棣皇帝授予郑和"钦差总兵太监"军衔,可指挥两万余名官兵。

"靖难之役"取得胜利后,明永乐元年(1403)正月,永乐皇帝在奉天殿受朝贺,大宴文武群臣及四夷朝使,宣布建立永乐王朝。永乐二年(1404)正月初一,鉴于三保在"靖难之役"中于北平城外郑村坝战役中立有战功,在

① 《明史·本纪第五·成祖一》。

图四　宝船厂遗址六作塘及仿真宝船，图片由吴之洪提供

缁衣宰相姚广孝的极力推荐下，朱棣御赐三保"郑"字为姓，"和"字为名。从此，"三保"才有了一个汉族的名字"郑和"。

郑和"从起兵有功"，还被提拔为十二太监之一的内官监太监，负责当朝皇宫、寺庙等皇家工程的建造。永乐二年八月，朱棣决定起用郑和为正使太监，筹备下西洋事宜。为此，朱棣命郑和在洪武初年"统于工部，分司于都水"建造江船的龙江船厂的基础上，择地扩建可造大䑳海船的宝船厂。

永乐三年（1405）六月十五日（公历7月11日），郑和奉诏正式出使西洋。

第二章

受命——备船开洋 重任在肩
（1404—1405）

一、洪武年间的海禁政策

据《明太祖实录》卷二十四记载，吴元年（1367）十二月，朱元璋设置太仓黄渡市舶提举司，俗称为"六国码头"。洪武二年（1369），朱元璋"罢太仓黄渡市舶司，凡番舶至太仓者，令军卫有司同封籍其数，送赴京师"。

图五 宋泉州市舶司遗址，全国仅存的古海关遗址，历经宋、元、明三朝，存续385年。图片由董卫民提供

随着朝贡国家的逐渐增多，海贸规模不断扩大，洪武三年（1370）朱元璋又在宁波、广州、泉州等地重设市舶司。其中，宁波市舶司负责日本贸易，泉州负责琉球国的贸易，广州则负责西方各国的贸易。洪武年间，朱元璋还命在"都城西北隅空地，开厂造船"，于是龙江船厂建成。为"取木方便"，朱元璋下令在朝阳门（今中山门）外、蒋山之阳，"建立园圃，广植棕、桐、漆树各数千万株"，以备南京地区造船之用。洪武七年（1374）九月，朱元璋下令罢市舶司，实施海禁政策。

二、永乐年间的开洋政策

永乐朝，明成祖朱棣一改太祖时期对外保守的策略，主动出击，打击蒙元残余势力，招徕海外各国入贡贸易。为便于管理，重新恢复宁波、泉州、广州三个市舶司，另设来远驿、怀远驿和安远驿接待外来客商。永乐六年（1408）平定安南地区后，朱棣在越南新设了交趾市舶司，之后又在云南设置顺化市舶司和新平市舶司，用来处理接待西南边陲周边各国贡使，由此实施了较有改革意义的外贸管理制度。

明永乐时期的"开洋"政策，是一个系统工程。除开展朝贡贸易、派遣郑和下西洋外，还设立市舶司以加强对朝贡贸易管理，采取对贡期、贡使与贡道的注册登记，实

图六 明来远驿遗址，图片由董卫民提供

施勘合制度，规范朝觐与管待礼制，对贡船抽分，给贡物颁布定价标准，设置官牙，可谓做出了严格、全面、配套的政策和法律规定。

三、永乐朝"开洋"的具体措施

1. 完善开洋管理机构

开洋状态下的永乐朝市舶司，作为官方控制管理海外贸易的专门机构，具体有四项职能：一是辨明堪合真伪；二是禁止沿海居民下海通番；三是对外来私人贸易的货物进行征税；四是保证货物的公平交易。

图七 郑和航海图上标明的"龙江关""宣课司""抽分厂"等税收机构，图片由董卫民提供

2. 建远洋海船厂

明成祖即位后,为遣使下西洋,令在南京下关三汊河以南,今上保村、中保村、下保村一带,建立南京海船厂。因海船用于"入海取宝",故俗称"宝船厂";建宝船的船坞叫"作塘"。

3. 大举营建海船

据《明实录》中的不完全记载,明永乐元年到永乐十七年间,明朝政府下令兴造和改造的海船就达2718艘。

图八 2003—2005年宝船厂遗址考古发掘时的六作塘遗址全景,图片源自南京市博物馆总馆,骆鹏摄

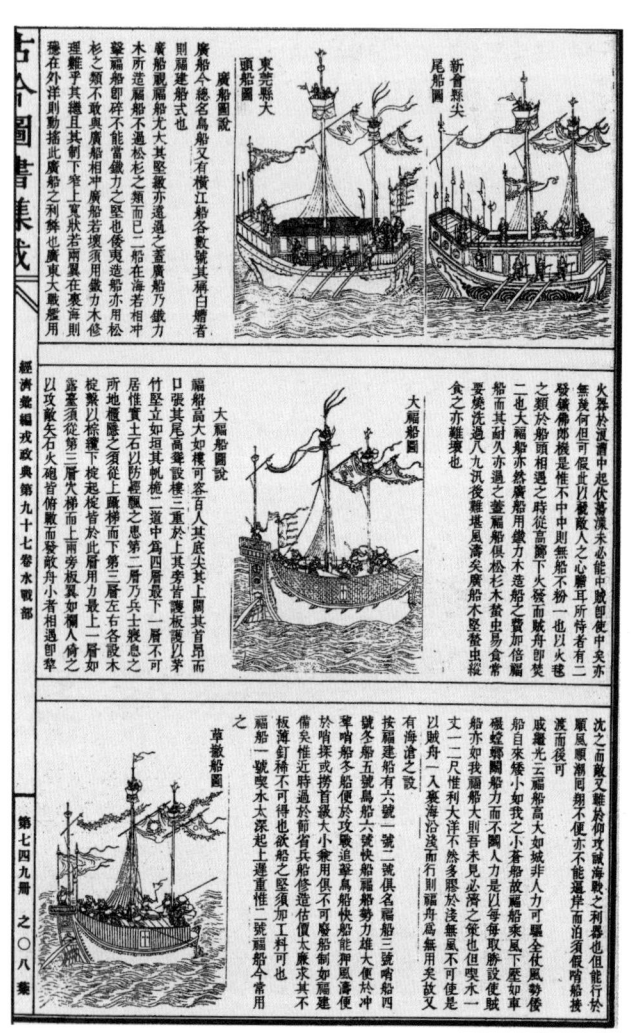

图九 《古今图书集成》介绍的大福船图，图片由吴之洪提供

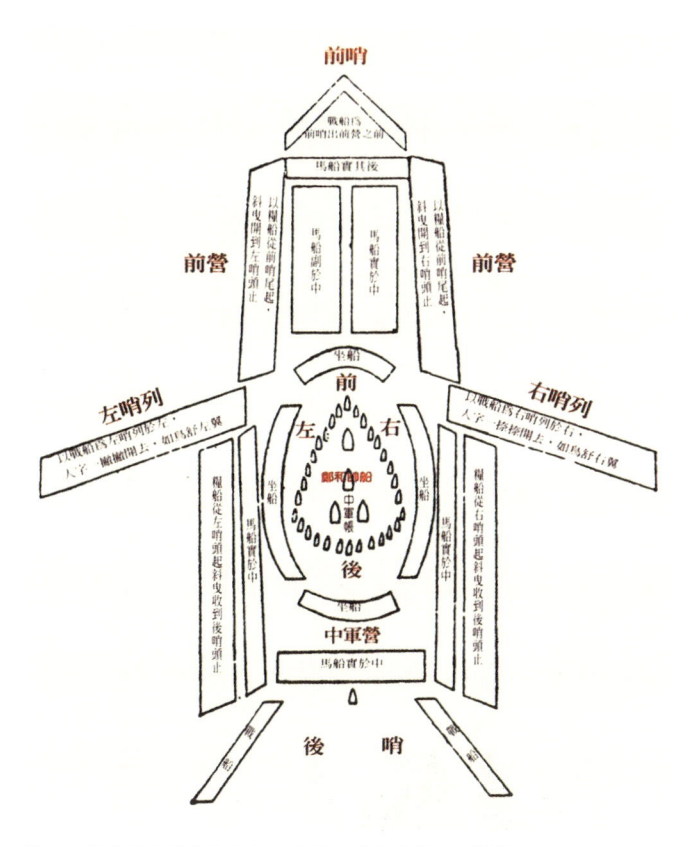

图十　郑和下西洋船队编队示意图，图片由董卫民提供

其中，永乐五年五月，即命福建都司造海船137艘；八月，又命京卫、浙江、湖广、江西、苏州等府卫造海运船200艘；九月，"命都指挥王浩改造海运船249艘，备使西洋诸国"；"永乐六年正月丁卯，命工部造宝船48艘"；"永乐十七年九月乙卯，造宝船41艘"。郑和出使西洋的船队，一般由宝船62艘，加上其他类型的船（战船、座船、兵船、马船、粮船、水船、大八橹等）百余艘组成。第一次下西洋时的各类海船共有208艘之多，可载船员27800余人，船队启程时，绵延数十余里，十分壮观。

从宝船厂出厂的用以"装载宝物"的宝船属于福船型，"体势巍然，巨无与敌"。大䑸宝船长四十四丈四尺（合139米），宽十八丈（合56.5米），九桅十二帆，尾舵高于11米，用一备三，其"蓬、帆、锚、舵，非二三百人莫能举动"。船上设有艏楼、舯楼、艉楼，其中的艉楼长大宽阔，上层建筑富丽堂皇，结构复杂精巧，有头门、仪门、丹墀、滴水、官厅、穿堂、后堂、库司、侧屋、书房、公廨等，雕梁画栋，

图十一 纪念郑和下西洋580周年全国会议论定的福船型"郑和宝船"标准模型，图片由吴捍新提供

象鼻挑檐。船有四层甲板,舱室客厅设之高处,华丽舒适,底层满载士卒,蓄养马匹。

四、着令郑和备船下西洋

1. 备船下西洋的社会基础

明成祖通过"靖难之役"夺得皇位时,明朝已经建立30多年。此前,由于朱元璋31年的励精图治,社会经济的各个方面都取得了较大发展。江南地区海船建造业在元末已有相当规模的基础上,到明初更建立起了规模庞大的官营造船业,除南京宝船厂外,在苏州、松江、镇江等地均设有官办船厂。农业、手工业的发展,促使矿冶、纺织、陶瓷、造纸、印刷等各方面都比元代有了不同程度的提高。同时,宋、元以来中国海外贸易逐渐发达,对外移民增加,中国的丝织品、瓷器受到西洋诸国的广泛欢迎,需求旺盛。而中国对不能自行生产的香料等物,也有较大的需求。正是在这样的社会背景下,永乐皇帝下令内官监太监郑和"备船下西洋"。

2. 备船下西洋的目的

一是"踪迹建文",查找可能逃到海外的建文帝下落;二是"耀兵异域""通好他国,怀柔远人",让海外

图十二　南京宝船厂遗址公园纪念碑廊内的"龙江关"主题雕塑，图片由吴之洪提供

各附属国知道，中国已经改朝换代了，要恢复对大明王朝的朝贡关系；三是依据唐僧玄奘的《大唐西域记》所载，到锡兰山（斯里兰卡）的佛牙宫寻找释迦牟尼真身佛牙，为永乐皇帝找到"君权神授"的依据；四是用大明先进的生产技术和产品，换取西域各国的香料、药材、珍禽异兽等宝物。

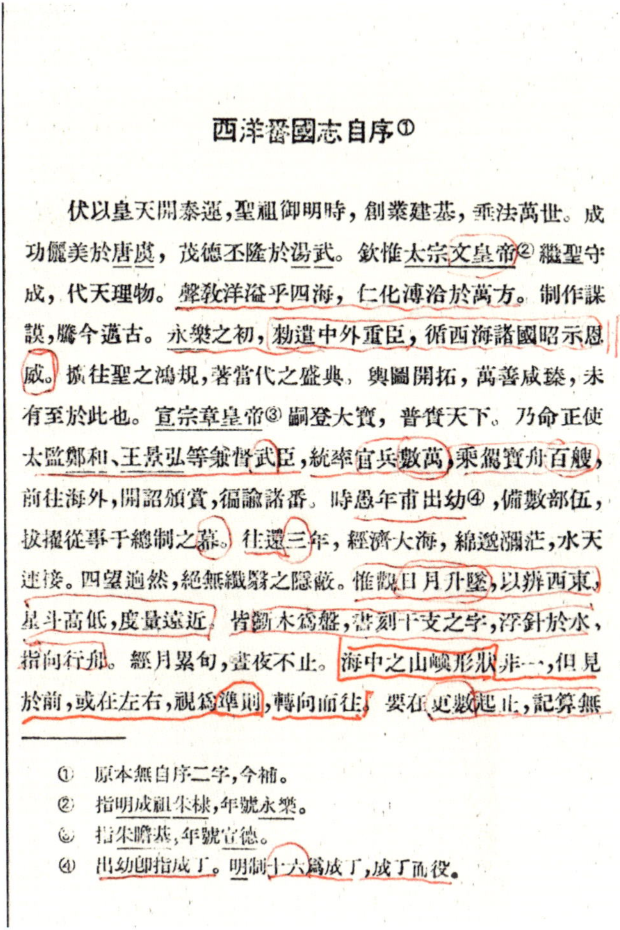

西洋番国志自序[1]

伏以皇天开泰运,圣祖御明时,创业建基,垂法万世。成功俪美於唐虞,茂德丕隆於汤武。钦惟太宗文皇帝[2]继圣守成,代天理物。声教洋溢乎四海,仁化溥洽於万方。制作谟谟,腾今迈古。永乐之初,勅遣中外重臣,循西海诸国昭示恩威。抚往聖之鸿规,著当代之盛典,舆图开拓,万善咸臻,未有至於此也。宣宗章皇帝[3]嗣登大宝,普赉天下。乃命正使太监郑和、王景弘等统督武臣,统率官兵数万,乘驾宝舟百艘,前往海外,开诏颁赏,徧谕诸番。时愚年甫出幼[4],备数部伍,拔擢从专于总制之幕。往还三年,经济大海,绵邈瀰茫,水天连接。四望迥然,绝无纤翳之隐蔽。惟观日月升坠,以辨西东,星斗高低,度量远近。皆驾木为盘,书刻干支之字,浮针於水,指向行舟。经月累旬,昼夜不止。海中之山屿形状非一,但见於前,或在左右,视为准则,转向而往。要在更数起止,记算无

① 原本无自序二字,今补。
② 指明成祖朱棣,年号永乐。
③ 指朱瞻基,年号宣德。
④ 出幼即指成丁。明制十六岁成丁,成丁而役。

图十三 著名史学家潘群眉批的(明)《西洋番国志》自序,图片由吴之洪提供

3. 兴建出洋码头

太仓刘家港。太仓港处在鱼米之乡苏州地区,是从长江出海的最后、最大的商埠和深水港。早在宋元时期,这里就是商人远航东西两洋的重要港口。这里的农业、手工业非常发达,产品丰富,商业繁荣。尤其在大明之初,洪武皇帝就在太仓设立全国唯一的海关市舶司,负责处理一应外经外贸事务,外国商人已经习惯了在这里停泊,等待堪合,以便合法经营。

图十四　南京宝船厂遗址公园碑廊中的太仓港浮雕,图片由吴之洪提供

第二章 受命——备船开洋 重任在肩

图十五 福建省泉州市长乐港的圣寿塔,郑和曾在此指挥下西洋事宜,图片由郑自海提供

图十六 长乐港当年的妈祖庙,现为长乐郑和纪念馆,图片由郑自海提供

泉州长乐港。泉州是元代对外贸易的重要港口，经常有百艘以上的海船在此停泊，外国旅行家誉之为世界第一大港。元朝政府在这里设有市舶司，严密控制对外贸易。

泉州长乐港在郑和下西洋中的重要作用，一是等待季风和洋流，以便顺风顺水地远洋海外；二是在起航之前做最后的物资准备，把远航所需的粮食、蔬菜、饮用水、牛羊鸡鸭等活食肉源等一一备足；三是因为这里海面宽阔，利于船队"摆兵布阵"，演练海军；四是往来海外的主要随船官员及外国朝贡来宾，可在长乐港下船，改从陆路，回京复命，以节约时间，从而此地成为郑和船队海陆转驳的交通要道。

宝船在京城龙江的宝船厂建造，在燕子矶的稳船湖调试，开到长江临海的太仓港装运货物，随后即出海远航。因此，京城是郑和下西洋的策源地、是宝船船队的起锚地，太仓是郑和下西洋宝船船队出海、装卸货物的港口，而福建泉州的长乐港及五虎礁，则是宝船船队等待信风的出洋之地。

4. 远洋船队的科技配备

郑和远洋船队是一支全建制的综合舰队，而且在远洋航船的科技配备上，做了充足准备，其中包括各种船型、导航设备罗盘的使用，航海经验及航海图的配备，大批航

第二章　受命——备船开洋　重任在肩

海水手的养成，等等。

比如郑和吸收了早在唐代中国人就已经发明的水密隔舱、车轮舟、平衡舵、开孔舵等技术，选择了适合远洋的尖底福船为宝船船型。海船船壳结构上采用搭接法形成"鱼鳞式"结构（亦称"错装甲法"结构），使船壳板连接紧密严实，整体强度高，且不易漏水。船舶载重量也达"五千料"（约排水量5000吨）以上，大䑳宝船的载客量超千人。在船舶的人居环境上，生活设施齐全，配备炊事、起居、礼宾接待等设施，备有充裕的食品，甚至在船上可以养猪、种菜、育豆芽、种药材、酿酒等。

图十七　郑和宝船结构示意图，图片由吴之洪提供

在航海技术上，郑和船队的配备是当时全世界最先进的。根据《郑和航海图》，郑和使用海道针经（24/48方位指南针导航）结合过洋牵星术（天文导航），白天用指南针导航，夜间用牵星板观看星斗和水罗盘定向的方法保持航向。由于合理地解决了船上储存淡水以及船的稳定性、抗沉性等问题，郑和船队能在"洪涛接天，巨浪如山"的险恶条件下"云帆高张，昼夜星驰"，很少发生意外事故。

明代船用航海磁罗盘　　　　明代航海牵星板

图十八　牵星板、水（磁）罗盘等文物图片，图片由王世清提供

通信联络方面，白天以约定方式悬挂和挥舞各色旗带的"旗语"指挥调度，夜晚以灯笼反映航行时情况。遇到能见度差的雨雾天气，配备的铜锣、喇叭、螺号用于信号传递。

在地文航海技术方面，郑和下西洋的地文航海技术，是以海洋科学知识和航海图为依据，运用了罗盘仪、计程仪、测深仪等航海仪器，依照航海图、针路簿的记载，确定船舶的航行线路（针路）。其罗盘仪的误差，不超过2.5度。

5. 航海图的绘制

郑和下西洋使用的海图称作《郑和航海图》，全称《自宝船厂开船从龙江关出水直抵外国诸番图》，作于郑和六下西洋（1422）后、七下西洋（1433）前。原图见于明代茅元仪辑《武备志》卷二百四十，共有序1篇、地图20页、

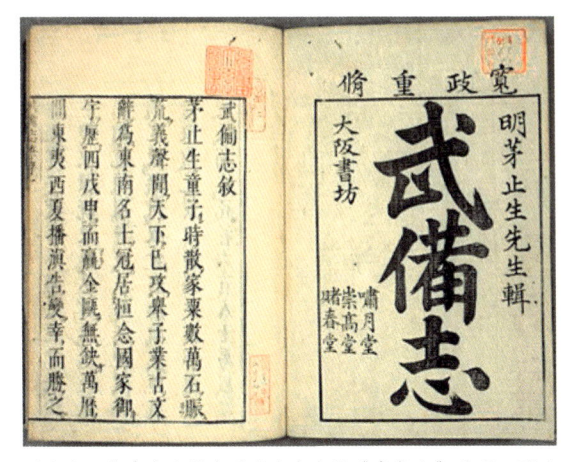

图十九　载有郑和航海图的古代文献《武备志》首页，图片由董卫民提供

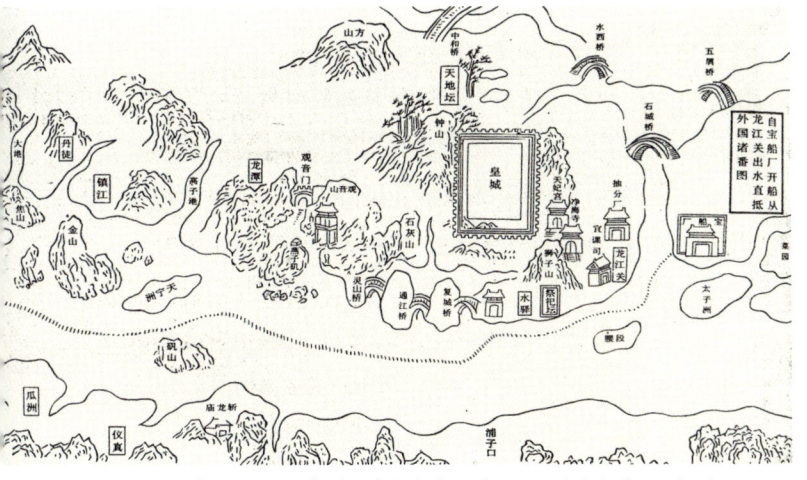

图二十　《郑和航海图》（局部）南京—镇江段，图片由董卫民提供

《过洋牵星图》4 幅，标有地名 536 个，其中东非海岸地名 16 个。

6. 海域海岛的历史印记

郑和船队七下西洋访问了 30 余个国家及地区。根据已知史料可知，郑和船队最远到达东非、红海，加深了大明王朝在海外的影响。同时，具有特殊历史意义的是：郑和下西洋还加强了明王朝对南海诸岛及其海域的管辖，成为中国对这片祖宗南之海拥有不可争辩的主权。1947 年、1983 年和 1993 年中国南海地区的行政地图上所涉南海西沙群岛和南沙群岛的诸岛礁的名称，就是中国政府依据明成祖、明宣宗两位下西洋发起者的年号，以及郑和等下西洋领导者、参与者以及其他相关人物的姓名所命名的。

比如西沙群岛中位于西部和东部的两组群岛，被命名为永乐群岛、宣德群岛；南沙群岛中的群礁取名为郑和群礁、尹庆群礁；南沙群岛中的岛礁是以郑和下西洋中重要官员施进卿、梁道明、杨信等相关人物姓名而命名为马欢岛、费信岛、巩珍礁、景弘岛、晋卿岛、道明群礁、杨信沙洲。在海底地物的命名上，2015 年，中国命名的 124 个国际海底地理实体中，涉及郑和下西洋的就有郑和海岭、巩珍海丘群、巩珍圆海丘等。2016 年，《南海地质地球物理图系（比例尺 1∶200 万）》标注的南海海底地名中，

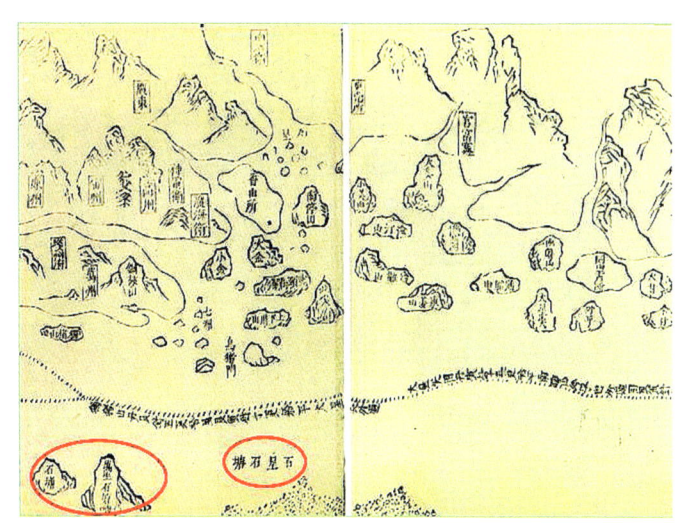

图二十一 《郑和航海图》明确标出南海500个地名,其中属于我国的地名约200个。图中将南海诸岛分别标为"石塘""万生石塘屿""石星石塘",即今天的西沙群岛、南沙群岛、中沙和东沙群岛(合称)。图文来源于中国南海研究院

涉及郑和下西洋的海底地名就包括马欢海丘、费信海丘、尹庆海山、景弘海山等。此外,还有以郑和下西洋的船队命名的长宁海丘,以郑和船队的船只类型命名的宝船海丘、战船海丘和水船海丘,等等。

7. 德化柔远的战略目标

永乐皇帝在"开洋"战略上的"德化柔远"策略,使得西洋各国感沐皇恩,表现为对郑和远洋船队及正使太监

图二十二　南京宝船厂遗址西碑亭的三绝碑"望海潮"词《海魂颂》，图片由吴之洪提供

郑和及其将士的隆重欢迎。据随郑和赴西洋各国的通事（翻译）费信在其专著《星槎胜览》中介绍，当郑和船队抵达榜葛剌国（今孟加拉国）港口时，榜葛剌国国王亲率恭礼拜迎诏，初叩谢加额，开读赏赐，受毕，铺绒毯于殿地，招待我天使，宴我官兵。祀之甚厚。烧烤牛羊，禁不饮酒，恐乱其性。抑不遵礼，惟以蔷薇露和香蜜水饮之也。宴毕，复以金盔、金系腰、金盆、金瓶奉赠天使；赠给副使的都是银盔、银系盘、银盆、银瓶之类的东西；再低一些的官吏也都得到了金铃缝纻丝长衣之类的馈赠，兵士们也都有

银盏钱盖。这是因为国家有礼仪并且富足。后来又恭敬地置金筒银叶表文,让使臣捧着恭敬地献于朝廷之上。榜葛剌国的种种表现说明,永乐皇帝"德化柔远"的战略目标已经实现。

第三章

使命——和平使者 正使太监
（1405—1422）

作为大明帝国的和平使者,郑和及其船队所作所为,推动了生产力和生产关系的进步,推动了历史的前进,推动了"人类命运共同体"的建立。

一、营造和谐的和平环境,平息海盗及纷争

1. 平定海盗,确保海靖

郑和船队首航来到爪哇国的巨港(亦称旧港,今属印度尼西亚),听说当地有中国广东潮州人氏陈祖义,在当地纠集了一群海盗,杀人越货,无恶不作。明成祖命郑和伺机歼之。永乐五年(1407)九月初二,郑和首航返泊旧港,派人劝谕陈祖义改恶从善。陈祖义阳奉阴违,竟拟率5000海盗偷袭宝船船队。华人领袖施进卿密告郑和,郑和遂充分准备,仅用一个昼夜,就将陈祖义等海盗一举擒获,押回京师处斩。此举倍受各国人民、商旅、使臣的称赞。从此,在郑和七下西洋期间,四海靖平,交通无虞,郑和为各国的海上贸易奠定了和平安全的基础。

图二十三　南京宝船厂遗址碑廊"擒获海盗陈祖义"主题浮雕照片，图片由吴之洪提供

2. 倡导和平，营造和谐

明·马欢在其所著《瀛崖胜览》里介绍了郑和平息满剌加与暹罗国附属关系的故事："此处旧不称国，因海有五屿，遂名曰五屿。无国王，止有头目掌管。此地属暹罗所辖，岁输金四十两，否则差人征伐。永乐七年（1409）己丑，上命正使太监郑和等，统赍诏敕，赐头目双台银印，冠带袍服，建碑封城，遂名满剌加国（今属马来西亚），是后暹罗莫敢侵扰。其头目蒙恩为王，永乐十三年（1415），挈妻子赴京朝谢，贡进方物，朝廷又赐与海船回国守土。"[1]

图二十四 （明）马欢《瀛崖胜览》，图片由董卫民提供

郑和以大明帝国的显赫神威，震慑了觊觎满剌加国的暹罗人的侵略野心，终使国与国之间和平相处，维护了和谐友好的国际秩序。

明·费信在《星槎胜览》中也介绍了郑和倡导和平、营造和谐的事迹。书中介绍：在位于三佛齐国西北的龙牙门国，该国有座山口，两边的山相对而立，就像一对龙牙，船只可以从中间通过。山下靠海处有涂田，地力贫瘠，稻

---

[1] 明·马欢著《瀛崖胜览》。

米、谷物长得很厚,气候常年很热,四五月间多雨。这里的原住民,男女都头梳发髻,身穿短衫,腰围短布,他们以掳掠他国渔民为荣。郑和船队虽然实力雄厚,但如果遇到该国的船只,也就驾驶小船百余只与之交战,有时往往要开战好几天,一不在意,就会被抢劫财物,甚至被杀,如果遇到顺风还能够侥幸逃脱。不是郑和船队不能战胜他们,实在是为了尊重当地的领土主权,愿意与这些野蛮民族和平相处,不以征服异族为使命。[①]"倡导和平,营造和谐",郑和做到极致,塑造了大明帝国和平使者的良好形象。

3. 惩恶扬善,杜绝霸市

郑和七下西洋未占寸土,未夺寸金,并且以大国风度惩恶扬善,确保一方和平。据费信介绍,爪哇岛麻喏八歇国在与本地其他族群争强霸市的内斗时,误杀了大明王朝170名官兵,心生后怕,主动请罪,拟赔偿6万两黄金息事宁人。郑和请示永乐皇帝后,永乐皇帝鉴于麻喏八歇国认罪服罪态度较好,也为了营造区域和平的政治局面,最终决定"免于处分",赔款分文未取。此举与以后西方航海家们疯狂掠夺和屠杀原住民行为相比,形成了鲜明对照。

在郑和们的努力下,明成祖在位21年间,亚非国家

---

① 明·费信著《星槎胜览》。

第三章 使命——和平使者 正使太监 041

图二十五 南京郑和纪念馆馆藏"万方来朝"主题绘画照片,图片由吴捍新提供

使节来华朝贡达318次,先后有4个国家的11位国王亲自率团来访。事实说明,郑和七下西洋成功实现了与各国"共享太平之福"的和平外交目的,是伟大的和平使者,是中国历史上和平外交的典型。

二、倡导各国奉行新礼制,开化野蛮及恶俗

1. 表率礼制,大国风范

大明王朝有志于引领全球文明礼仪之风尚,是从确立朝贡贸易的礼制做起的。浡泥国国王麻那惹加那乃来中国

图二十六　南京浡泥国王历史陈列馆展示的浡泥国恭顺王墓碑碑文，图片由吴之洪提供

10天后的永乐五年九月初一,礼部曾言浡泥国王与公侯大臣会面的礼仪未有定制。朱棣指示:"浡泥国王,蕃臣也,准公侯大臣见亲王礼。"由此,明朝政府制定了接待国外元首的相应礼仪。经礼部议定:"赐浡泥国王仪仗、交椅、水缸、水盆,俱用银;伞、扇,俱用白罗;销金鞍马二,及赐金织、交椅、文绮、纱罗、绫绢衣十袭。"

永乐王朝的礼制,被沿途国家所接受并奉行。比如郑和船队给当时处于蛮荒之地的占城(今属越南)等国,带来了符合中国文明礼制的服装、礼仪、外交礼节,提升了相关各国的礼制水平。郑和船抵,占城国举国载歌载舞。国王穿五色御服,率王公大臣及500勇士组成象队恭迎。郑和亦率500官兵,一字长蛇登陆,沿红色地毯登上礼坛,宣读圣旨。民众一律穿白色服装,文士穿明代服装,上白下黑,按明朝礼制叩礼。

郑和下西洋带去了中国传统的礼制等儒家思想,也尊重和融通各国的佛教、伊斯兰教精华,造就了"民心相同"的和解局面。最典型的例子莫过于马来西亚古麻逸国的"中国寡妇山"的故事。

麻逸国一位酋长的女儿嫁给了中国船员,船员拟回国复命后再回来与她厮守终身。酋长女儿天天登上当地最高的基纳巴庐山顶眺望东方,盼望丈夫早日归来。没想到却等来一个不幸的消息,丈夫已在一次海战中身亡。酋长女

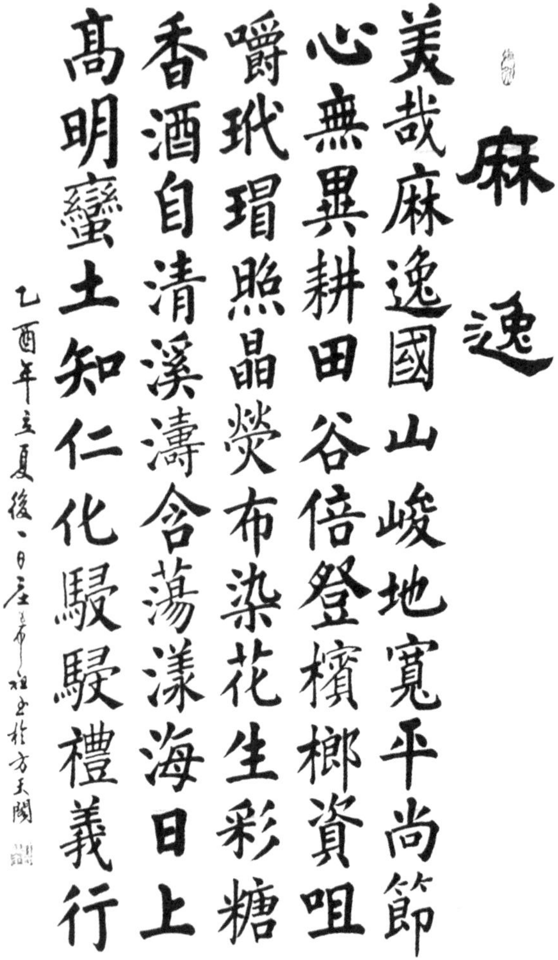

麻逸

美哉麻逸國山峻地寬平尚節
心無異耕田谷倍登檳榔資咀
嚼玳瑁照晶熒布染花生彩糖
香酒自清溪濤含蕩漾海日上
高明蠻土知仁化駸駸禮義行

乙酉年立夏後一日庄希祖書於方夫閣

图二十七　庄希祖书法作品《麻逸》，图片由吴之洪提供

儿笃信中国忠孝节义、三从四德的礼教，也信奉当地为丈夫守孝的习俗，思念过望，竟跳下悬崖，追寻中国丈夫而去。当地人赞美酋长女儿的美德，遂将基纳巴庐山改名为"中国寡妇山"。

2. 教化旧俗，倡导新风

中世纪时期的越南，分割成许多酋长国。这些国家，由

图二十八 （明）费信著《星槎胜览》，图片由董卫民提供

于对大自然的愚昧无知，往往把命运寄托在毫无科学根据的旧俗上。比如这些酋长或首领们每年会放纵人们采摘外乡生人的人胆敬献给他们，他们得到人胆后放入酒中浸泡，与家人同饮，谓之"通身是胆"。"其王年节日，用生人胆汁调水沐浴，其各处头目采取近纳，以为贡献之礼。"[1]郑和船队抵达后，了解到他们的动机也是为了祈祷农业丰收、人民富足，只是无法掌握农时规律，盲目地挑战大自然，遂向当地酋长和首领们介绍中国的历法知识和二十四节气规律，让他们掌握农时，获得年年丰收。事实令这些酋长们改变陋俗，学会了科学种田和科学养生。

---

[1] 明·费信著《星槎胜览》。

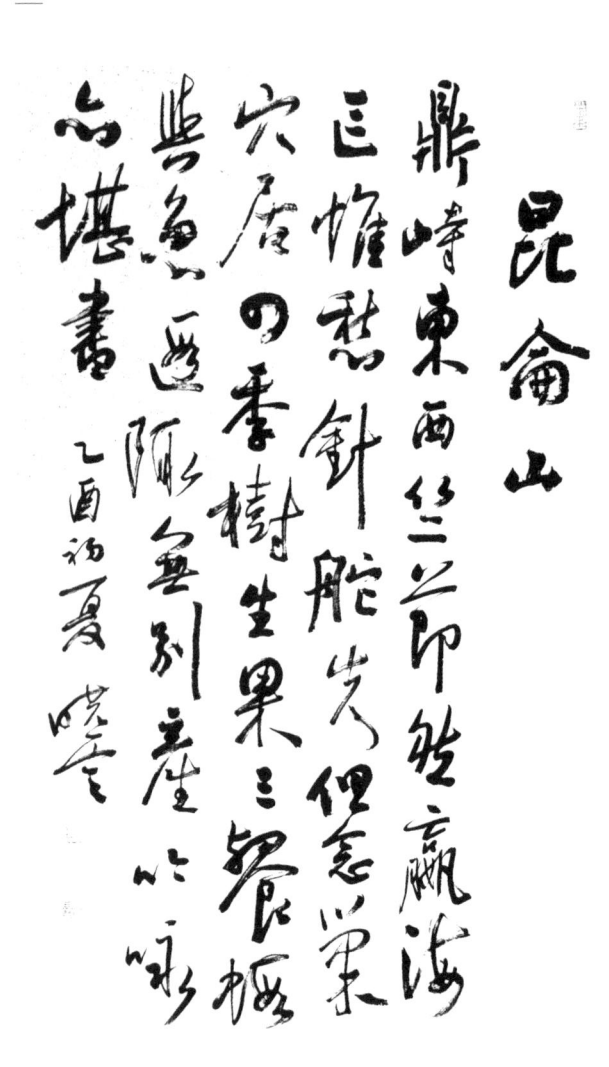

图二十九　孙晓云书法作品《昆仑山》，图片由吴之洪提供

今马来半岛东岸的古彭亨（亦作彭坑）国，国内有高山，十分崎岖险峻；远处则很平坦，土地肥沃，盛产稻米，气候四季常温。但这里风俗怪异，当地人用香木刻成神像，杀人后用人血祭祀，以此求福避灾。郑和船队来此后，用大明的物产与当地人交易香木，发掘了木材的合适用途，也丰富了老百姓的日常生活，客观上改变了当地用人血祭祀的陋习，同时也丰富了中国明代的小木作技艺。

3. 以德服人，恩被天下

郑和受大明皇帝派遣赴西洋各地宣谕皇帝恩泽，愿意做各国的坚强后盾，使之免除骚扰，实现永久和平，采取的一个象征性的举动就是同意应请，给这些附庸国"封山勒铭"，以明确该地与中国的关系。

永乐三年（1405），满剌加（今属马来西亚）国王遣使赴明朝首都，向明成祖请封该国西山为镇国之山。成祖当即同意，亲制"西山镇国碑"碑文，加题铭诗。满剌加国王像是获得了一副护身符，欢欣之至。此举首开永乐王朝御笔题赐"封山勒铭"的先例。

印尼爪哇与中国的关系也大概如此。"钦尊我朝皇上遣正使太监郑和等使节奉诏敕赏，爪哇国国王和正妃率领部领村民接诏，都感受到了天福。他的国王臣子已经受到了天恩，于是派遣使者络绎不绝，擎捧金筒金叶表文，贡献方物。"你来我往，一派和气。

古里国（今属印度）与中国的关系也是这样建立的。永乐三年，明成祖封古里国酋长沙米迪为古里国王。永乐五年，郑和首航统领大腙宝船最远到此，颁敕书，授银印，赠礼品，升赏各头目品级冠带，并于古里起建碑亭，竖立石碣。副帅王景弘挥笔书之："其国去中国十万余里，民物咸若，熙皞同风，刻石于兹，永示万世。"

坦桑尼亚（古麻林国，又称麻林地，即今坦桑尼亚的基尔瓦基西瓦尼）虽然"距中国绝远"，但与中国的关系十分融洽。永乐十三年，郑和四下西洋船队抵达该国，麻林国王派特使随中国船队赴明朝京城朝贡，明成祖亲往奉天门主持欢迎仪式，接受麻林及其他非洲国家如木骨都束（索马里的摩加迪沙）、卜剌哇（索马里的巴拉韦）、阿丹（阿拉伯也门的亚丁）等国进贡的麒麟、狮子、金钱豹、西马（阿拉伯马）、长角马哈兽（独角羚羊）、花福禄（斑马）、千里骆驼、驼鸡（驼鸟）、縻里羔兽等，并赐予其象征附属国的金印等物，双方皆大欢喜。

4. 匡扶仁义，谅过更新

郑和下西洋所到之处，并不曾攻城略地，而是担负教化之责，营造和平。为此，对当地一些不守法纪、扰乱治安甚至侵犯朝廷命官的行为，采取镇压措施。只是如果他

图三十　麻林国赠麒麟图，图片由吴捍新提供

图三十一　斯里兰卡国家博物馆收藏的郑和"布施锡兰山佛寺碑"照片，图片由吴之洪提供

图三十二　锡兰山古国佛牙塔遗存，图片由吴之洪提供

们知错认错，郑和在永乐皇帝的批准下，对他们也不是赶尽杀绝，通常允许他们改过自新、重新做人。

据费信所著《星槎胜览》介绍：郑和三下西洋时，锡兰山国（今斯里兰卡）新王阿烈苦奈儿崇祀外道（佛教之外的其他宗教），暴虐凶悖，将郑和诱至国中，不仅不听郑和奉旨告诫、改邪归正，反而令其子纳言索要金银宝物，谋其钱粮船只，甚至用兵5万，分路劫持郑和海船。郑和发现欲返船队，路已阻绝。紧急之中，郑和判断其重兵在外，国内必然空虚，乃令少数官兵秘密另择路径回船

报警，自己却率3000精兵连夜走小路攻入王城，拘捕锡兰国王。锡军回戈，四面来攻，连战六日，郑和始终未曾退让。第七日凌晨，郑和挟持阿烈苦奈儿，伐木取道，且战且行20余里，回到舟师，将锡兰山国王交明成祖置办。为国家安定、收复民心、抚慰四海，明成祖决定对其宽大处理，不仅免其杀身之罪，而且在永乐十年七月，遣使宣诏，封贤明之人耶包乃那为新国王，允许阿烈苦奈儿回国。

三、传授科学知识和技术，提升番国潜实力

1. 传授农技，提高农效

位于今越南中南部的古占城国是中国的近邻，洪武年间就形成了对中国明王朝的贡赋关系。郑和船队来占城国后，赠其耕耘工具，并教其耕耘引水灌溉之法，传授稻秧分植法，使稻子一年三熟；同时带去中药种子、自制豆腐方法和铸钱工艺。[1]

不仅如此，郑和把中国农历带去越南，极大地提高了当地的农业科技水平。"其日月之定无闰月，但十二月为一年，昼夜分为十更，用鼓打计。四时以花开为春，叶落

---

[1] 明·费信著《星槎胜览》。

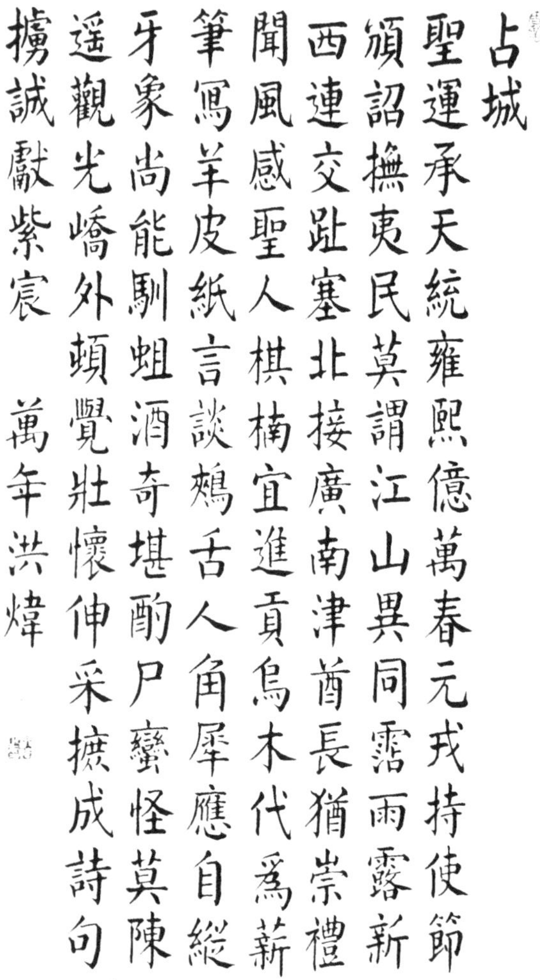

占城

聖運承天統雍熙億萬春元戎持使節
頒詔撫夷民莫謂江山異同霑雨露新
西連交趾塞北接廣南津菑長猶崇禮
聞風感聖人棋楠宜進貢烏木代爲薪
筆寫羊皮紙言談鴂舌人角犀應自縱
牙象尚能馴蛆酒奇堪酌尸蠻怪莫陳
遙觀光嶠外頻覺壯懷伸采擷成詩句
擄誠獻紫宸 萬年洪煒

图三十三　洪煒书法作品《占城》，图片由吴之洪提供

为秋。"[1]月日的算法是月生为初,月晦为满,如此十次盈亏为一年。昼夜以打十更鼓为据,不论是酋长还是平民,不到中午不起床,不到子夜不睡觉。看见月亮升起来,则饮酒唱歌跳舞。历法错误及不良起居习惯严重影响了当地的农作水平。郑和至此,传授了中国的农历历法,促使当地民众养成符合农时要求的起居及农作习惯,引发越南的农业生产水平得到了根本性的改变。

郑和下西洋抵达占城(越南)时发现,这个国家没有纸、笔等文具,只是将羊皮弄薄熏黑做纸,削细竹做笔,蘸白灰写字,字体像蚯蚓弯曲之状。语言的交流,全凭通事传译。中国起源于汉代的造纸术,经过郑和之手传授给越南,让越南的造纸术和文字、语言交流水平迅速提升。

2. 打井汲水,造福一方

在马来西亚马六甲的三宝山下,有"三宝井"一眼,传为郑和当年所掘。"其水极清洌甘美,可祛病延年,可汲水泡茶祀神。"找水、打井、汲水,在中国是一种传统的生产生活技术,绵延了几千年,但在偏远、蛮荒的岛国,淡水奇缺,就是没有找水、打井的技术。郑和船队来此打井,既解决了自身补给之需,又把这种至关生命的技术传授给当地百姓,使其得到清洁水源,造就了一代中国人"源

---

[1] 明·费信著《星槎胜览》。

图三十四　马来西亚马六甲三宝山下的"三宝井",图片由郑自海提供

源不断"的至善功德。

刺撒国（今亚丁湾附近小国）等地的老百姓也跟着郑和掌握了凿井、绞车提水等技术,以羊皮装水贮存,很好地解决了日常生计和生产中的缺水问题,造福一方人民。

3. 海水制盐,促进健康

今非洲东岸索马里之布腊瓦,古名卜剌哇。该国国土宽广,位于海边。国内有盐池,只要投入树枝,长时间后捞起,上面就会结满白盐。这种比较落后的制盐方法,满足不了日常生活及贸易的需要。郑和船队把圈海水"种盐"

第三章 使命——和平使者 正使太监

图三十五 郑和船队传授给西洋各国的海水煮盐的铁锅,图片由郑自海提供

的技术教会他们,从此解决了当地的用盐问题。纯净的海盐保证了当地人民的身体健康,多余的海盐还可以到内地交换山货。

4. 日用瓷器,餐饮卫生

古代越南"其国之人,只食槟榔裹蒌叶、包牡蛎壳,行住坐卧,不绝于口"。[1] 中国的日用瓷器经郑和船队带到越南,改变了当地用植物叶、贝壳等作为餐具的不良习惯。此外,中国的食物酿造技术也经郑和船队带去越南,

---

[1] 明·费信著《星槎胜览》。

图三十六　图为在南京出土的明代瓷器及残片，图片由王世清提供

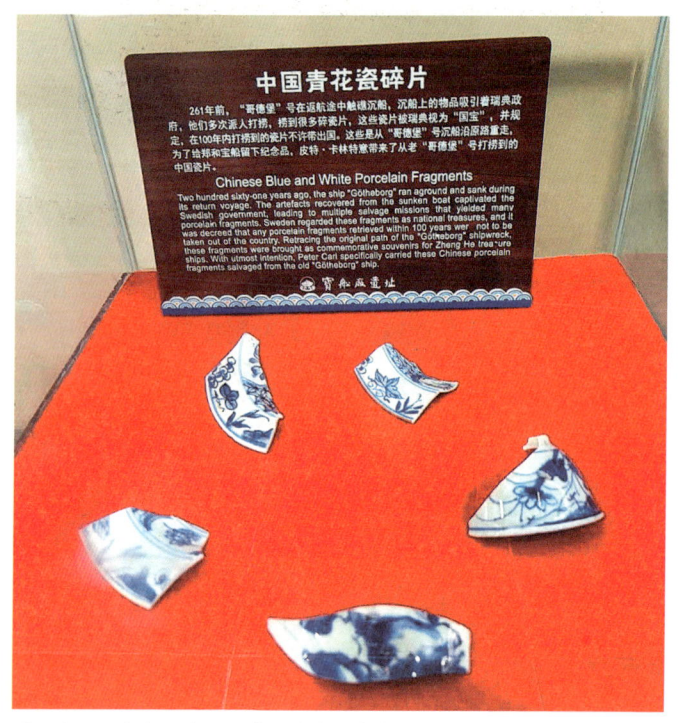

图三十七　宝船厂遗址收藏的瑞典"哥德堡号"仿古木船船长赠送的该船打捞的明代青花瓷碎片，图片由吴之洪提供

改变了当地"鱼不腐烂不食,酒不生蛆不美"的坏习惯,改善了餐饮卫生,提高了当地人民的健康水平。

5. 绢绸布缎,改变裸习

绢绸布缎是郑和海上丝绸之路的主要商贸货品,在对外贸易中非常受欢迎。由于当地民众不会种植棉花,更无纺织技术,许多地方人们终年裸体,无衣可穿。中国的绢绸布缎正好解决了他们的穿衣问题,民众顿时走进文明时代。

6. 中国渔网,繁荣渔业

索马里(古名木骨都束、卜剌哇、竹步国)的竹步国,地理位置偏僻,村庄稀少;山荒地广,雨水稀少,草木不生;西部有城,城墙用石头筑成,房屋建得很高。男女都是头发卷曲,外出时用布包头,风俗淳朴。郑和率远洋船队到此之后,当地人不仅学会了中国的打井技术,开挖深井,用绞车取水,用羊皮袋装水,还学会了用"中国渔网"出海捕鱼。原来用鱼叉叉鱼,效率很低,所有的鱼都是死的,不便存放。用中国渔网捕捞,不但"稳坐钓鱼台",扩大了产能,而且鱼蟹都是活食,吃不掉时就囤养水中,随时食用,或者拿到远处的集市上贸易,这极大地激活了当地的渔业生产。

图三十八　南京宝船厂遗址公园碑廊浮雕竹步国的"中国渔网"及"绞车取水"，图片由吴之洪提供

7. 中医中药，治病救人

郑和来爪哇，教会当地人在新年前的一个月中，白天禁食，由此产生"禁食节"。郑和亦教会当地人以中药泡澡的方法治疗皮肤病，即所谓"药浴治疴"。中医中药由此带去东南亚、西洋和非洲。

8. 铜鼎铁器，锻造技艺

淡马锡（今新加坡）地产上等鹤顶香、中等降真香和木棉花。与之贸易，可用丝布、铁条、土印布、赤金、瓷器、铁鼎之器等交换。

图三十九　明代铁器、铁锚等文物，图片由王世清提供

三岛国（今属菲律宾）土地贫瘠，收成少，当地人以捕鱼、织布为业，民风淳朴。当地用海水煮盐，用甘蔗汁酿酒，特产有黄蜡、木棉布。与之交易货物时用金银、瓷器、铁块等。

上述两条史料明确地告诉我们：中国的生铁锻造技术

图四十　明代金、银锭及纸币、贝币、铜钱等货币（文物），图片由王世清提供

图四十一　明代铜钱，图片由王世清提供

已经郑和带往东南亚，造福一方人民。其中，新加坡人开始使用的"铁鼎"，应该理解为铁质的日常生活用品或生产用具，因为中国人铸鼎，一般用铜，而农具、兵器等则用铁较为常见。鼎能制造，较容易加工的铁质农具更能制造，更有实用性。至于菲律宾人用他们的黄蜡、木棉布等换取中国的"铁块"，我们只能认为是为了"打铁"，制作农具或兵器。否则，铁块有啥使用价值，何以能交易黄蜡、木棉布？

四、互通有无，促成命运共同体

1. 公平买卖，调剂余缺

郑和下西洋期间推崇的公平交易行为，处处可见。在印度的古里国，珊瑚、珍珠、乳香、木香、金银、色段、青花白瓷器、珍珠、麝香、水银、樟脑等中国货品深受当地人民欢迎。当地没有什么受中国人青睐的好产品，但古里人又想获得中国货，怎么办呢？聪明的印度商人，不惜蓄养一批从西洋国家贩来的好马，动辄报价金钱千百。看来，转口贸易贩来一匹好马，能换来很多本地所需的中国日常用品，非常划算，不然他们就不会费那么大的力气了。

能说明古里当地人与中国商人进行的是公平交易，还可以从马欢的《瀛崖胜览》中看出端倪。马欢说："王有

图四十二　明代秤砣，图片由王世清提供

大头目二人，掌管国事，俱是回回人……其二大头目受中国朝廷升赏，若宝船到彼，全凭二人主为买卖，王差头目并哲地未讷几计书算于官府，牙人来会，领船大人议择某日打价，至日，先将带去锦绮等物，逐一议价已定，彼此收执。其头目、哲地即与内官大人众手相拿。其牙人则言某月某日于众手中拍一掌已定，或贵或贱，再不悔改。然后哲地富户才将宝石、珍珠、珊瑚等物来看议价，非一日能定，快则一月，缓则二三月，若价钱较议已定，如买一主珍珠等物，该价若干，是原经手头目未讷几计算，该还纻丝等物若干，照原打手之货交还，毫厘无改。彼之算法无算盘，只以两手、两脚并二十指计算，毫厘无差，甚异于常。"我们的内官大人、领船大人远洋至此，宁可花费几个月的时间与之议价，不是公平贸易还能是什么？

2. 变废为宝，提升价值

古代越南人对地产红木、乌木和香料的价值认识不清，"乌木降香，平民砍材为薪"。① 乌木和降香，当作柴火烧掉了，甚是可惜！郑和船队绝不乘人之危牟取暴利，而是以与他国交易中同样的价格向当地平民购买，让越南人民有实实在在的获得感。同样，交栏山的气候炎热，米谷稀少，百姓以射猎为业，男女扎髻，穿短衫，系巫仑布。当地盛产豹、熊、鹿皮、玳瑁，用来和别国交易，换来米、谷、五色绢、青布、铜器、瓷碗之类。当作柴火烧掉的乌木和降香，打猎吃肉剩下的豹、熊、鹿皮，在当地人眼中已经全然无用了，但郑和船队到来后，以米、谷、五色绢、青布、铜器、瓷碗之类与之交易，使之变废为宝，大大提升了当地物产的价值。

---

① 明·费信著《星槎胜览》。

3. 顺风搭载,开辟商道

郑和的宝船,不仅中国人自用,还搭载各国赴中国朝觐和商贸的使臣远赴中国,次年则跟随郑和船队打道回府。这一来一往,客观上就开通了明代海上丝绸之路的商道。这种例子很多。在古印度的柯枝国,"国王亦差头目随共回洋宝船,将方物进贡中国"。波斯(今伊朗)国王"亦将船只载狮子、麒麟、马匹、珠子、宝石等物,并金叶表文,差其头目人等,跟随钦差西洋回还宝船,赴阙进贡"。佐法儿国(今阿曼)"其国王于钦差使者回日,亦差其头目将乳香、驼鸟等物,随跟宝船以进贡于朝廷焉"。[①]

能够开辟商道和中国人建立贸易关系,在东南亚一带是很受人尊敬的。三岛国(今属菲律宾)男人如果能随船到中国进行贸易,回乡后当地人就会称赞他、尊重他,认为他很有德望,他的父亲、兄弟也都会夸奖他。此种心境,十分有利于国际商道的开辟。

4. 官民结合,激活市场

郑和下西洋的船队,除了赏赐贸易外,大量的商贸交易是官买官卖的官商行为,以及准予船员小规模经商的互市行为。由于官商贸易额巨大,有力地刺激了各地商埠码头的形成,世界各地的商贸市场被一一激活。就在郑和一

[①] 明·费信著《星槎胜览》。

图四十三 浡泥国王墓陈列馆内的"浡泥国王访明朝路线图",图片由郑自海提供

图四十四 "郑和航海图"标注的位于苏门答腊的物流、商埠基地"官厂",图片由吴之洪提供

下西洋走到的最远的码头古里(今印度半岛南部西海岸科利科德),那里地处大海的要道,未几何时,已傍海为市、聚货通商、僧迦密通,成为西洋各国交易的重要码头。显然,这个热闹的"聚货通商"国际码头的建立,应当归功于郑和。

郑和下西洋不仅遵守大明律法和规章,而且十分尊重沿途各地的地方制度和习俗。比如古代越南棋南山的木材、香料等物产,当地酋长就命人看守,不许普通的老百姓擅自采伐,如有私下偷卖者,初犯则砍断他的手,屡犯甚至要杀头。郑和船队的军事实力远超于当地这些酋长,也需要采伐和使用这些山货,但郑和总是让部下到当地酋长指定的官方市集去采买,严格遵守当地的商贸管理制度,秋毫无犯。没有规矩,不成方圆。尊重别人,也就尊重了自己。当地酋长面对郑和所代表的大明王朝的宣谕,也就能自觉遵守,严格执行。因此,遵纪守法,成为郑和船队成功履行职能的关键要素之一。

第四章

归命——魂归故里 长眠牛首
（1431—1433）

一、病逝古里

永乐二十二年（1424），明成祖朱棣在第五次亲征漠北故元势力回程途中逝世，47岁的太子朱高炽（仁宗）继位。洪熙元年（1425）二月，仁宗任命郑和为南京守备。《西洋番国志》记载，宣德五年（1430），宣宗朱瞻基下《敕书》："今命太监郑和等往西洋忽鲁谟斯等国公干……"

宣德五年闰十二月六日（1431年1月），郑和率船队200余艘、官兵等27550人第七次下西洋，经占城（今属越南）、爪哇、旧港（今属印度尼西亚）、满剌加（今属马来西亚）、苏门答剌（今属印度尼西亚）、古里（今属印度）、忽鲁谟斯（今伊朗）等地，又分艅二支分别驶向木骨都束（今属索马里）等非洲国家和祖法儿（今属阿曼）等阿拉伯半岛国家。宣德八年（1433）二月十八日离开忽鲁谟斯，三月十一日回到古里，在古里停留9天后返航。郑和在船队停留古里时，因劳累过度，"卒于古里国"。

明英宗天顺元年（1457）所作的《非幻庵香火圣像记》记载："宣德庚戌（宣德五年），钦承上命，前往西洋，至癸丑岁（宣德八年）卒于古里国。"

郑和一生献身于祖国的航海事业，至 62 岁病逝于下西洋归途，可谓矢志报国、以身殉职。郑和为航海事业奋斗终身的精神，将永远铭刻在祖国和世界的航海史上。

二、赐葬牛首

清康熙二十二年（1683）撰修的《江宁县志》最早出现了郑和墓的记载，卷五"陵墓"篇云："三宝太监郑和墓，在牛首山之西麓。永乐中，命下西洋，有奇功……宣德初，复命入西洋，卒于古里国，此则赐葬衣冠处也。荫兄之子

图四十五　牛首山及郑和墓原址照片，图片由郑宽涛提供

第四章 归命——魂归故里 长眠牛首

图四十六 "咸阳世家碑"拓片,图片由郑宽涛提供

义,世袭锦衣千户,后遂袝焉。"①清乾隆《江宁县新志》卷十一"古迹志"也有"郑和墓在牛首山西麓"的记载。清莫祥芝、汪士铎等纂修的《同治上江两县志》中记载:"牛首山有郑墓。永乐中命下西洋,宣德初复命。卒于古里,赐葬山麓。"

1983年,史学家李士厚先生与南京郑和后裔代表在北京民族文化宫发现了《郑和家谱首序》抄件。《首序》披露郑和"亡于王事","归葬牛首山,赐祭田万顷",印证了地方志对郑和死于下西洋途中及郑和葬地的记载。

2014年,郑和墓园文物保护管理所征集到一块早年在牛首山西南农田里发现的"咸阳世家"碑,碑文撰于清光绪甲申十年(1884)九月,是郑和后人对先人的记述,其中明确表明郑和"殁敕奠于牛首山西偏,赐袭锦衣尉千户,赐祀田若干亩,建广缘寺以祀之礼也……"这一新发现,再次确认了郑和墓在牛首山西麓。

郑和在宁后裔介绍,明清几百年间,先辈一直在牛首山郑和墓祭祖。郑和墓西边郑家村的"坟亲家"之说,得到了郑和后裔的认可。郑和十九世孙郑勉之曾撰文介绍,抗战前的坟亲家郑长宝等人,每年都进城交租,郑孝志、郑厚恒先后担任过郑氏家族坟山管理一职。这些史实亦印证了文献史料中郑和墓有赐祀田等的记载。

---

① 《江宁县志》,清康熙二十二年(1683)撰修。

三、郑和墓的发现与建造

1935年5月,罗香林先生在探寻郑和墓时,听闻玉梅花庵僧人所述"曩年曾见狮子山西南麓有旧碑一方,相传其地为郑和墓遗址"。罗先生前往踏看四周,"见墓道砌以明代黄琉璃瓦,而残余未及砌道者,犹垒垒堆至山隈。……及寺宇建筑专有物……庵僧及乡人所言郑三保墓地一说,不无因也"。

1956年8月,南京文物工作者接到当地村民反映,牛首山下的"回回山"上有一座很大的"回回墓",埋葬

图四十七 1982年市文管会王文辉、王引与郑和后裔在郑和墓前合影,图片由郑自海提供

着一位姓郑的人，以前还有一个大石碑，还有专门的守坟人。根据指引可见墓葬位于牛首山西南面的小土山上，墓园规制宏伟，略呈马蹄形，南北走向，东西宽60米，南北长约300米，圆形坟丘，高约3米，共有三座封土堆，居中封土呈长方形，南北两侧各有一封土堆，距中间封土约150米。昔时墓前仍散乱着许多石刻残件，约50米的同一直线上，还有一方石碑座半陷土中（1982年损毁），碑身已不见。当地村民回忆墓前原有牌坊、山桥、墓碑、神道石刻、华表及享殿数间，均早年被毁。

1960年初，云南的郑家后裔到牛首山扫墓。1982年，在郑和后裔郑流虹、郑流宝、郑自强、郑自海等陪同下，南京市文管会王文辉、王引与江宁县文教局同志到"回回山"进行实地勘查，确认了郑和墓。1982年8月，位于南京市江宁区谷里乡周昉村东、牛首山西麓的郑和墓被列入"南京市文物保护单位"名录；2002年，郑和墓被列为江苏省文物保护单位。

为研究郑和航海史，发扬爱国主义精神，有关部门决定整修郑和墓。1984年10月至1985年7月，时江宁县文教局在江苏省伊斯兰教协会的指导下，将郑和墓修缮一新。新修的郑和墓，保持回族、穆斯林葬仪的习惯、规格和风貌，选用青质石料砌成墓园及墓盖石，后墙上镌刻有"郑和之墓"4个大字。墓园下为28级台阶，象征着郑

第四章　归命——魂归故里　长眠牛首

和航海 28 年；台阶中有 4 处平台，象征着郑和访问近 40 个国家；每个平台有 7 级台阶，象征着郑和七下西洋。此外，还建了一座具有明清特色的接待室（陈列并用）、一座飞檐挑角古色古香的碑亭，石碑由南京市人民政府立。

1985 年 7 月 11 日，全国纪念郑和下西洋 580 周年大会在南京召开，全国 19 个省市的领导干部、学者、专家、航海界人士、港澳同胞及郑和后裔等共 3000 多人参加了大会，全国人大常委会副委员长叶飞出席纪念会并致辞。会后代表们观瞻了郑和墓。

为迎接郑和下西洋 600 周年，2004 年，江宁区政府又斥资对郑和墓园进行全面整修，更换原墓道石材，墓道全长 140.5 米，寓意郑和首航日在 1405 年。新建石质墓道牌坊，牌坊高 5.6 米、宽 3.2 米，牌坊上雕有七个圆圈寓意郑和七下西洋的成功。扩建了文物展厅、史料馆、接待室等，以回廊相连接，整体扩建风格为仿明清四合院形式，新增建筑面积约 546 平方米、活动广场约 875 平方米、停车场约 900 平方米。

郑和墓史料陈列馆是个四合院式的建筑，蓝色琉璃瓦顶，回廊连接起文物展厅、史料馆、接待室等多处展室。史料陈列馆面积约 500 平方米，共有三个展厅，以图片、文字、实物、模型等多种形式，详细介绍了郑和的生平、航海历程和功绩、郑和墓修缮和保护的情况、与郑和在南

图四十八　郑和墓牌坊及墓道，图片由刘文庆提供

京活动相关的遗址遗迹以及郑和航海的意义等内容。

坐落在陈列馆院落中央的是一尊郑和的半身塑像。郑和高大魁梧,身着明代朝服,手持航海图,目光深邃。此塑像为2005年7月南京市江宁区政府所立,塑像下方的大理石基座正面写着"郑和(公元1371–1433)"字样,背面为《重修郑和墓碑记》。

重修后的郑和墓是一个10米见方的墓园,绿树环抱四周,庄严肃穆。墓按照伊斯兰风格修建,墓形为回字形,南北走向,四周围块石护坡,中间按回民习俗砌成长方形石质墓盖石,长约3.00米,高约1.60米,洁白素雅,清净无染。墓包上刻阿拉伯文"泰斯米叶"字样,墓盖下部

图四十九　郑和墓史料陈列馆,图片由刘文庆提供

图五十　郑和墓冢，图片由郑宽涛提供

图五十一　郑和七下西洋路线图，图片由庞继先提供

雕饰祥云草叶莲花座，墓身以瑞云、香草、莲花等植物花卉图案以及水纹边饰，墓后壁墙上镶嵌有大理石横碑，上隶书阴刻"郑和之墓"四个大字。

次数	出发日期	回国日期	抵达地点
第一次下西洋	1405 年（永乐三年）6 月	1407 年 9 月	占城、暹罗、爪哇、旧港、阿鲁、苏门答刺、锡兰、小葛兰、柯枝、古里
第二次下西洋	1407 年（永乐五年）9 月	1409 年 8 月	占城、暹罗、浡泥、爪哇、满刺加、锡兰、加异勒、柯枝、古里
第三次下西洋	1409 年（永乐七年）12 月	1411 年 6 月	占城、暹罗、爪哇、满刺加、阿鲁、苏门答刺、加异勒、锡兰、南巫里、甘巴里、阿拔巴丹、小葛兰、柯枝、溜山、古里、忽鲁谟斯、彭亨、吉兰丹
第四次下西洋	1413 年（永乐十一年）11 月	1415 年 7 月	占城、爪哇、吉兰丹、彭亨、旧港、满刺加、苏门答刺、南巫里、那孤儿、加异勒、比刺、孙刺、黎代、沙里湾泥、阿鲁、锡兰、柯枝、溜山、古里、木骨都束、卜刺哇、阿丹、刺撒、忽鲁谟斯、麻林

续表

次数	出发日期	回国日期	抵达地点
第五次下西洋	1417年（永乐十五年）5月	1419年7月	占城、浡泥、爪哇、彭亨、旧港、满剌加、苏门答剌、南巫里、溜山、沙里湾泥、锡兰、柯枝、古里、木骨都束、卜剌哇、阿丹、剌撒、忽鲁谟斯、麻林
第六次下西洋	1421年（永乐十九年）秋	1422年8月	占城、暹罗、满剌加、榜葛剌、锡兰、柯枝、南巫里、溜山、阿鲁、古里、祖法儿、阿丹、剌撒、木骨都束、卜剌哇、忽鲁谟斯
第七次下西洋	1431年（宣德六年）12月	1433年7月	占城、暹罗、爪哇、满剌加、苏门答剌、榜葛剌、锡兰、小葛兰、加异勒、柯枝、南巫里、溜山、阿鲁、甘巴里、古里、忽鲁谟斯、祖法儿、阿丹、剌撒、天方、木骨都束、卜剌哇、竹步

附表2 郑和七下西洋时间及抵达地点简表

第五章

诰命——英名永存 华侨之神

（1433—2005）

一、与郑和在南京活动相关的遗迹遗址及纪念地

南京是郑和下西洋的策源地、启锚地，也是郑和的归宿地，郑和墓就位于南京城南牛首山西麓。郑和在南京前后生活逾31年，留下了众多与其相关的历史文化遗迹、遗址。

1. 宝船厂遗址公园

宝船厂遗址公园位于南京市鼓楼区漓江路，2005年7月4日建成开放。这里曾是中世纪全球最大的造船厂，为郑和下西洋建造了数百艘宝船及各类海船。

明永乐元年（1403），明成祖朱棣下旨郑和负责筹建宝船厂，这是专为建造郑和下西洋所用大型海船的官办造船基地。位于"都城西北隅空地"龙江关一带新建的宝船厂，"东抵城壕，西抵秦淮街军民塘地，西北抵仪凤门第一厢民住官廊房基地，南抵留守右卫军营基地，北抵南京兵部苜蓿地及彭城伯张熊田"，占地千余亩，其中长500余米、宽60余米的作塘（干船坞）10余座，两年内就造

图五十二　宝船厂遗址公园大门，图片由吴之洪提供

图五十三　宝船厂遗址出土文物展览馆，图片由吴之洪提供

第五章 诰命——英名永存 华侨之神　　089

图五十四　宝船厂遗址出土文物展览馆陈列的部分造船工具，图片由吴之洪提供

图五十五　宝船厂遗址出土文物展览馆陈列的棕绳、木夯等，图片由吴之洪提供

图五十六　宝船厂遗址出土文物展览馆内展出的铁构件及大舵杆等文物，图片由吴之洪提供

出宝船 63 艘。

2003 年以前，这里还保存有七个造船船坞（作塘），2003 年以后因建设用地需要填埋了第一、第二、第三、第七号作塘，现仅存第四、第五、第六号作塘。3 条作塘呈东北—西南走向，方向均为北偏东 62°；均长 500 余米，宽 50—60 米，总面积 132000 平方米。

2003—2004 年，南京市政府组织南京市博物馆对宝船厂遗址中的第六号作塘进行抢救性考古发掘，发掘面积 1.92 万平方米，从作塘底部清理出造船基础遗迹 34 处，出土造船工具、船用构件以及青花瓷器等珍贵文物 1500 多件，其中包括长 11 米的铁力木舵杆一根。

2. 金陵大报恩寺、琉璃塔及报恩寺遗址博物馆

由郑和在内官监太监和南京守备任上担任"督造"的金陵大报恩寺及其琉璃宝塔，位于聚宝门（今中华门）外东南方，周长九里十三步，约合占地 333 万平方米。作为皇家讲寺，朱棣敕准以"宫阙之制"建造，是与灵谷寺、天界寺齐名的金陵三座大刹之一。

清代报恩寺僧释悟明所撰《折疑梵刹志》记载曰：大报恩寺于"永乐明成祖朱棣之十一年，岁在癸巳十月十三日兴役""敕工部大建之，准宫阙规制，造九级舍利塔""落于宣德三年，岁在戊申之三月十一日，共三帝，前后共

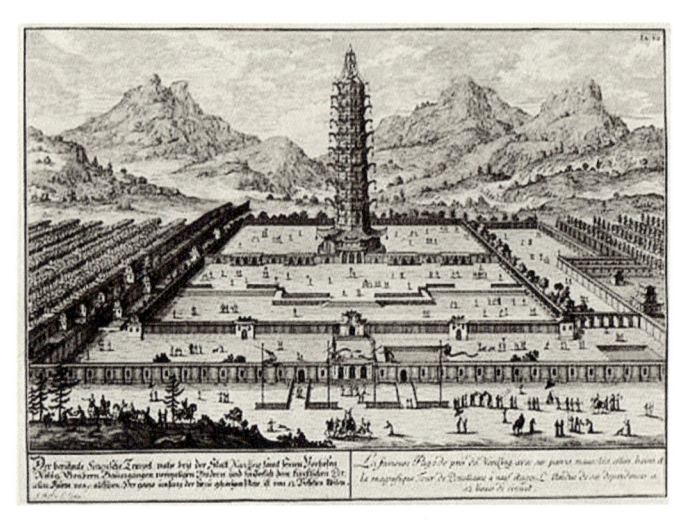

图五十七　清末外国人所绘制的金陵大报恩寺全景写真图，图片由吴之洪提供

图五十八　金陵大报恩寺的建造模拟场景，图片由吴之洪提供

一十六年，寺塔完工""额曰大报恩寺"。郑和从斯里兰卡请回大明王朝的"锡兰佛牙"，就被供养在报恩寺琉璃塔地宫内。大报恩寺及其琉璃宝塔，自永乐十年（1412）动工，由郑和与另一名太监汪福主持其事。整个工程用了16年时间，耗资钱粮银高达248万余两，其中有郑和下西洋节余款项100多万两。

金陵大报恩寺坐东朝西，自西往东形成中轴线，先后建有山门、金刚殿、大殿、画廊、琉璃宝塔、观音殿、讲堂，右路有刻经处、僧寮等。其中的画廊两侧呈皇宫建筑的抄手形制，共118间。所建金陵大报恩寺琉璃塔高约103米，九层八面，塔体外壁饰以五色琉璃砖瓦。琉璃塔每层

图五十九　金陵大报恩寺遗址出土的琉璃柱础，图片由吴之洪提供

图六十　金陵大报恩寺讲堂遗址夯土层，图片由吴之洪提供

八扇券门，四开四闭。每层辟有灯龛16个，九层共放置144盏长明灯，白天琉璃塔身在阳光下金碧辉煌，夜间塔上长明灯十里可见，故该塔又号称"光塔"，被誉为中世纪世界建筑"七大奇观之一"。

大报恩寺琉璃塔被明成祖朱棣赐名"第一塔"。该塔在清咸丰年间因太平天国"天京事变"被毁，在南京存世400余年，一直是南京最高标志性地标建筑，代表了当时中国历史上建筑艺术的最高成就。

2006年，南京市政府组织了对金陵大报恩寺遗址的考古发掘。2008年7月，在遗址内宋代长干寺塔地宫位置意外出土了七宝阿育王舍利塔等大量珍贵文物，其中包括释迦牟尼佛顶真骨舍利和诸僧舍利及万余件随葬品。大报恩寺遗址考古遂当选为2010年度"全国十大考古新发现"。

2012年9月16日，金陵大报恩寺遗址公园动工建设，2015年12月17日建成并正式对外开放。公园占地面积约17.37万平方米，总建筑面积15万平方米，总投

图六十一　金陵大报恩寺琉璃塔模型，图片由吴之洪提供

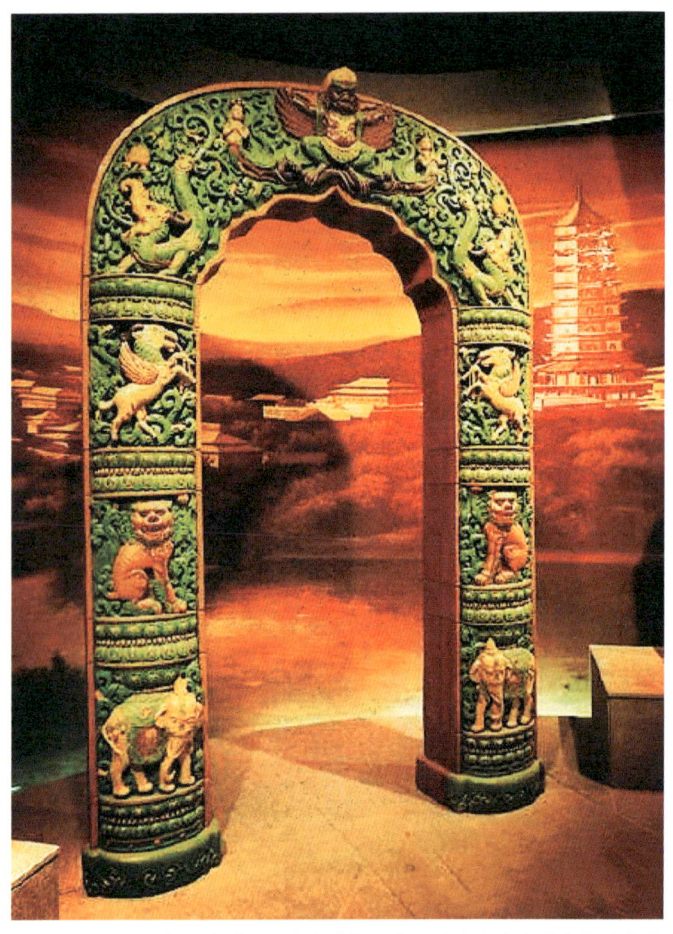

图六十二　报恩寺琉璃塔"六灵捧座"门券，图片取自南京大报恩寺文化发展基金会《大报恩寺琉璃塔塔门券介绍》

第五章　诰命——英名永存　华侨之神

097

图六十三　大报恩寺遗址出土的宋天禧寺瘗藏的七宝阿育王塔照片，图片取自南京大报恩寺文化发展基金会《大报恩寺琉璃塔塔门券介绍》

图六十四　烧制琉璃塔琉璃构件的琉璃窑，图片由吴之洪提供

五谷树
The Five Grains Trees/五穀樹/오곡수

五谷树，学名"雪柳"。春天开花，夏天结果，果树形似稻麦黍谷稗，由此得名。据传为郑和下西洋带回来的植物，其果实形状能预测五谷收成。明代周晖《金陵琐事》记载：五谷树有"二株，一在皇城内，一在报恩寺，不但结子如五谷，亦有如鱼蟹之形者。乃三宝太监西洋取来之物。"

此五棵五谷树，由盐城市张永亮先生于2016年8月2日捐赠。

图六十五　南京金陵大报恩寺遗址公园内的五谷树说明牌，图片由吴之洪提供

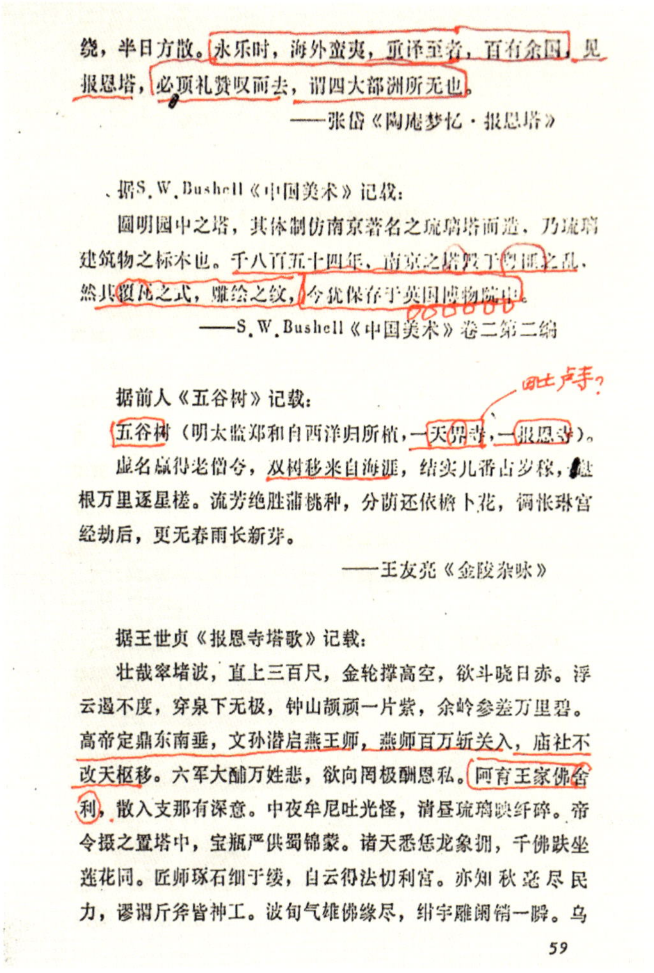

第五章 诰命——英名永存 华侨之神

绕，半日方散。永乐时，海外蛮夷，重译至者，百有余国，见报恩塔，必顶礼赞叹而去，谓四大部洲所无也。

——张岱《陶庵梦忆·报恩塔》

据S.W.Bushell《中国美术》记载：

圆明园中之塔，其体制仿南京著名之琉璃塔而造，乃琉璃建筑物之标本也。千八百六十四年，南京之塔毁于粤匪之乱，然其覆瓦之式，雕绘之纹，今犹保存于英国博物院中。

——S.W.Bushell《中国美术》卷二第二编

据前人《五谷树》记载：

五谷树（明太监郑和自西洋归所植，一天界寺，一报恩寺）。

虚名赢得老僧夸，双树移来自海涯，结实几番占岁稔，盘根万里逐星楼。流芳绝胜蒲桃种，分荫还依檐卜花，惆怅琳宫经劫后，更无春雨长新芽。

——王友亮《金陵杂咏》

据王世贞《报恩寺塔歌》记载：

壮哉窣堵波，直上三百尺，金轮撑高空，欲斗晓日赤。浮云遏不度，穿泉下无极，钟山颜顽一片紫，余岭参差万里青。高帝定鼎东南垂，文孙潜启燕王师，燕师百万斩关入，庙社不改天枢移。六军大酺万姓悲，欲向闼极酬恩私，阿育王家佛舍利，散入支那有深意。中夜牟尼吐光怪，清昼琉璃映纤缟。帝令摄之置塔中，宝瓶严供蜀锦蒙。诸天悉怹龙象拥，千佛趺坐莲花同。匠师琢石伸于绫，自云得法切利宫。亦知秋毫尽民力，谬谓斤斧省神工。波旬气雄佛缘尽，绀宇雕阑销一瞬。乌

图六十六 （明）王友亮在《金陵杂咏》一书中对"五谷树"的记载，图片由吴之洪提供

资 50.25 亿元。遗址重建工程主要包括遗址博物馆、南京佛教文化博物馆、报恩新塔、佛教文化创意工坊、明清街区及建初寺等。其中的遗址博物馆以"遗址奇观、千年佛光、报恩圣地"等景观为特色，分设遗址及出土文物展区、南京佛教文化展区、汉文大藏经展区以及报恩文化体验区等。

3. 南京天妃宫和《御制弘仁普济天妃宫之碑》

南京天妃宫位于鼓楼区龙江关，始建于明永乐年间。永乐五年（1407），郑和第一次下西洋顺利回国。为感恩天妃保佑海上平安，郑和奏请皇上恩准，明成祖朱棣加封

图六十七　南京天妃宫大门，图片由吴捍新提供

第五章 诰命——英名永存 华侨之神

图六十八 南京静海寺内的《御制弘仁普济天妃宫之碑》,图片由董卫民提供

天妃名号为"护国庇民妙灵照应弘仁普济天妃",敕建"天妃宫"。郑和第四次下西洋归来后,朱棣亲撰《御制弘仁普济天妃宫之碑》碑文,共699字,记述修宫缘由及下西洋部分史实。这是目前存世并保存完好的国内等级最高的妈祖碑刻。

郑和每次下西洋出航前,都要到天妃宫祭拜妈祖。

清咸丰年间及抗日战争时期,天妃宫屡遭毁坏。

2004年7月天妃宫重建后开放,占地约1.7万平方米,采用明代宫廷建筑型制和建筑风格,建筑院落有东、西两条轴线,主要建筑有天妃宫大殿、玉皇阁、观音殿等。

4. 净觉寺

南京净觉寺位于南京市秦淮区三山街附近的升州路上,是由郑和负责重建的南京现存最早的清真寺。

净觉寺原为朱元璋敕建,占地约26666.67平方米,始建于明洪武二十五年(1392),后遭火焚毁。宣德五年(1430),南京守备郑和奏请宣宗皇帝恩准负责重新修建。弘治五年(1492)大修;嘉靖年间(1522—1566)敕建砖石牌坊一座,并御书"净觉寺"匾额立于牌坊正中。

清乾隆四十七年(1782),穆斯林群众200余人集资捐银420两加以修缮。太平天国期间(1853—1864),该寺主要木料砖瓦被拆"移建藩邸"。清光绪三年(1877)桂月(农历八月)重建。光绪五年(1879)巧月(农历七月)重修大围墙。1932年,因升州路拓宽,净觉寺向内压缩,后残破不堪。1957年,南京市人民政府拨款修葺一新,恢复宗教活动。1981年,复原砖石牌坊并维修房屋。2008年,根据文物修葺原则大修,净觉寺恢复明清时期的砖铺地坪、大殿须弥座、石栏杆等,坛刻郑和奏请宣德五年七月二十六日恩准的石碑一块,以及净觉寺重修碑记和穆斯林捐款石碑,新盖了碑廊。净觉寺现占地4000平

图六十九　净觉寺收藏的明宣德皇帝敕郑和建造净觉寺的敕书碑，图片由郑自海提供

图七十　净觉寺复制的明太祖御赐修建净觉寺"至圣百字赞"碑，图片由郑自海提供

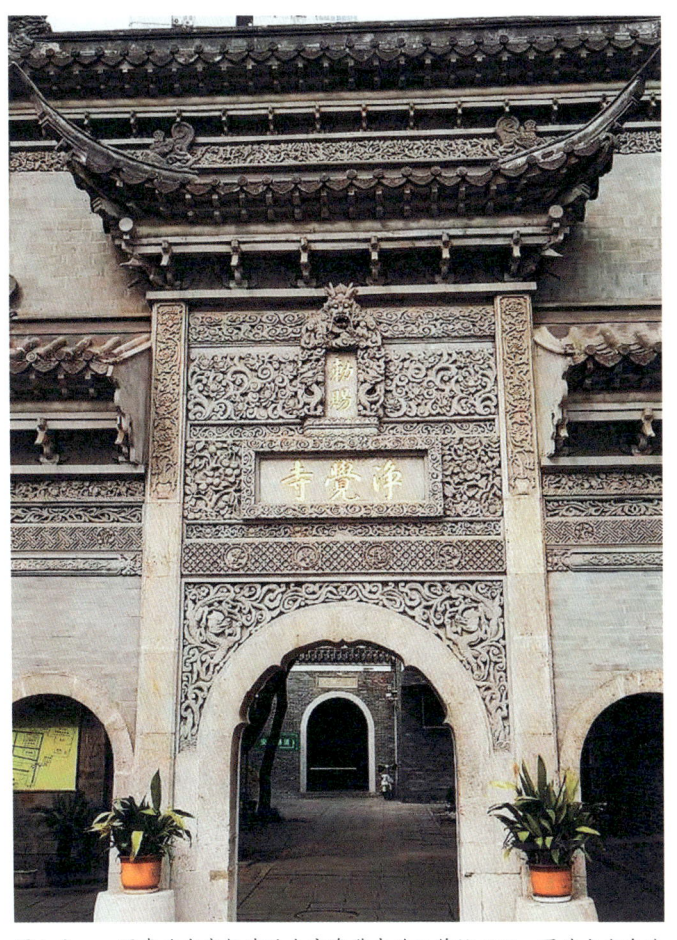

第五章 诰命——英名永存 华侨之神　　　　　　　　　　　　　　　　　105

图七十一　明嘉靖皇帝敕建的南京净觉寺砖石牌坊正门，图片由郑自海提供

方米，建筑面积2152平方米。

1982年，净觉寺被南京市人民政府定为市级文物保护单位；2002年，被江苏省人民政府定为省级文物保护单位。

5. 静海寺

静海寺位于南京市鼓楼区仪凤门外，北倚狮子山、东接天妃宫、西临护城河，是明成祖为褒奖郑和航海功德敕建的皇家寺院，是明朝十大律寺之一，是中国海上丝绸之路以及郑和下西洋的重要历史遗存，现已列为爱国主义教育基地，是新金陵四十八景之一、国家AAAA级景区。

永乐九年（1411），明成祖朱棣为彰昭郑和宣示扬大

图七十二　南京静海寺大门，图片由董卫民提供

第五章　诰命——英名永存　华侨之神

图七十三　静海寺市级文物保护碑，图片由吴之洪提供

图七十四　静海寺的"警世钟"，图片由董卫民提供

明国威、厚往薄来、使"海外平服"之丰功，同时为供奉郑和从海外带回的罗汉画像、文玩等宝物，种植稀异树种（如西府海棠）等，敕建净海寺。

郑和六下西洋回来后，明成祖朱棣在1424年去世。明仁宗朱高炽继位后，郑和被任命为南京守备。明仁宗于洪熙元年（1425），为歌颂朱棣"命使航海"的太宗皇帝圣德，取"四海平静，天下太平"之意，将时任南京守备郑和负责建设的"净海寺"更名为"静海寺"。

明清之际，静海寺规模宏大、殿宇林立、气势恢宏，号称"金陵律寺之冠""金陵八大寺之最"。

静海寺屡遭战火，历代均有修葺，扩建终成今制。

第一次鸦片战争中的1842年8月29日，中、英两国在南京静海寺签订了丧权辱国的中国近代史上第一个不平等条约《南京条约》。

6. 中刹碧峰寺

郑和与佛教关系紧密，碧峰寺是郑和经常从事佛事活动的地方。郑和与碧峰寺的非幻禅师结为挚友，曾邀他下西洋。非幻禅师外访时，很注意将海外诸国的佛教艺术介绍到国内，还带回一套沉香罗汉塑像陈列于寺中。郑和在第七次下西洋前夕，曾拿出自己的俸禄铸十二尊佛像、十八尊雕妆罗汉、古铜炉瓶等置于家中，准备从海外回来

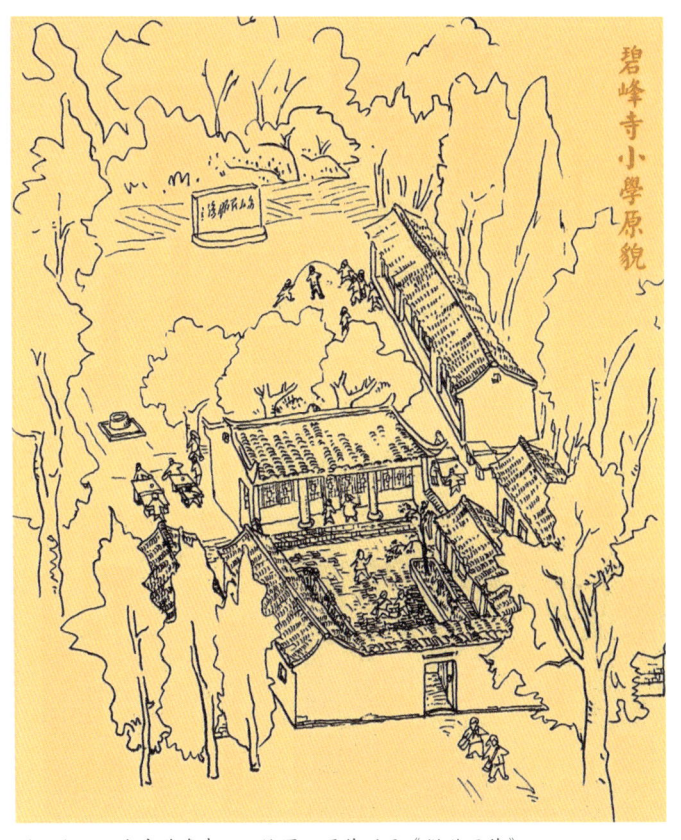

图七十五　南京碧峰寺旧址绘图，原作刊于《微游雨花》

后再送碧峰寺供养,欲把碧峰寺当作自己的终老之地。

据明·葛寅亮《金陵梵刹志》记载:碧峰寺范围东至安德街,西至朱家园,南至天界寺菜地,北至李府园,占地百亩,有金刚殿、天王殿、正佛殿、僧院、石塔等建筑,在明代南京的寺庙中属于中等规模。

碧峰寺原址在今雨花台区实验小学西校区。1965年,碧峰寺遗存有山门、大殿、两侧厢房。1983年学校翻建校舍,大殿全部拆除,只留下古井一口、假山一座和一些木构件。至今,这些物件也已灭失,只有遗址尚存。

7.南京浡泥国王墓

图七十六 浡泥国王墓的全国重点文物保护碑,图片由吴之洪提供

浡泥国王墓是古浡泥国(今文莱)国王麻那惹加那乃之墓,位于南京市雨花台区安德门外石子岗东向花村乌龟山南麓,2001年被定为国家重点文物保护单位。

永乐六年(1408年)八月二十日,浡泥国王麻那惹加那乃亲率王妃、子女、弟妹、亲戚及近臣150余人，随郑和首航西洋的宝船来到中国。8月28日，国王一行抵达明都南京，受到明成祖高规格礼遇。9月，"王忽感疾"并日趋严重，成祖诏御医诊治无效，于10月1日病故于会同馆，年仅28岁。临终前浡泥国王希望"体魄托葬中华，不为夷鬼"。成祖深感哀悼，辍朝三日，并赐浡泥国王谥号"恭顺"，以王礼具办棺椁明器，葬于安德门外石子岗。

浡泥国王墓于1958年5月被发现。墓地三面环山，前临水塘，占地面积约7.5万平方米。墓冢底径10米，高3.2米。南向存面阔三间的享堂遗址，今存柱础2件，

图七十七　位于南京安德门外石子岗的浡泥国王墓，图片由吴之洪提供

图七十八　位于浡泥国王墓的浡泥国王历史陈列馆，图片由吴之洪提供

石灰岩质地。墓前神道南北向延伸约长150米，神道两侧有6对石象生呈弧形陈列，间距3.3—3.5米，自南向北依次为武将、控马官、立马、卧羊、蹲虎、望柱（仅存柱础）。2005年起，浡泥国王墓新修、扩建，并新建了一座伊斯兰风貌的"中国文莱友谊馆"。

2011年和2018年11月，南京市与文莱首都斯里巴加湾市两次签约缔结为友好城市。文莱公主玛斯娜已12次访华，并于2006年、2008年、2019年三访南京。2019年9月8日，玛斯娜公主拜谒浡泥国王墓，并为浡泥国王历史陈列馆揭牌。

图七十九 南京郑和公园内的郑和纪念馆,图片由吴捍新提供

8. 郑和府邸、郑和纪念馆

南京市秦淮区太平南路中段东侧有一条"马府街",附近有一座占地22000平方米、建筑面积2100平方米的郑和公园。公园始建于1953年,原名太平公园。为纪念郑和,1985年5月3日,南京市人民政府将其更名为郑和公园。

据传郑和公园系历史上的郑和府邸,旧称"马家花园",当年曾有七十二间房屋,院厢递进。整座府邸由大门、住室、车房、马厩、厨房、仓库以及后花园等组成。清咸丰三年(1853)太平军攻占南京,马府毁于战火,祖

图八十　位于郑和公园的全国首座郑和纪念馆大门，图片由吴捍新提供

第五章 诰命——英名永存 华侨之神

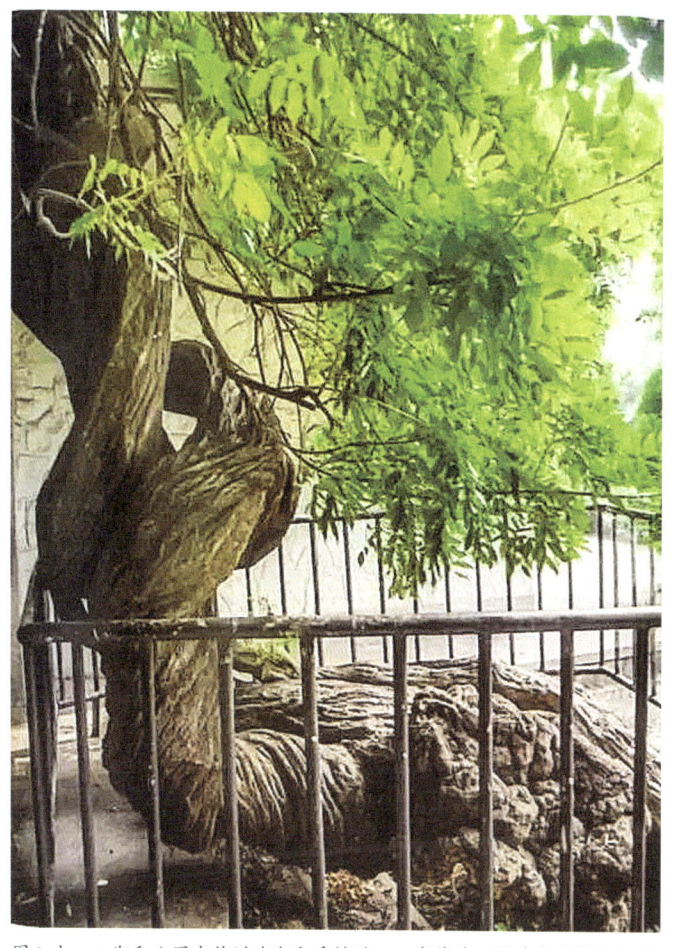

图八十一　郑和公园内传说为郑和手植的 600 岁紫藤，图片由吴捍新提供

屋荡然无存，后花园残破不堪。

1984年春，纪念郑和下西洋580周年全国筹委会决定在郑和公园东南角新建郑和纪念馆，当年开建，1985年7月11日前正式建成并开馆。庭院内建有两层小楼的郑和纪念馆，配套建设了古色古香的双抱亭和优雅的长廊，建筑面积2100平方米。2019年，郑和纪念馆重新装饰、布展，2020年5月对外开放。

9. 洪保墓

洪保，大明都知监太监，云南大理府太和县（今大理古城）人，与郑和是同乡，比郑和大1岁。洪保作为郑和

图八十二　位于南京南郊祖堂山的洪保墓封门，图片由郑自海提供

下西洋使团的副使，当年跟随郑和七下西洋。

2016年9月，南京市博物馆在南京祖堂山社会福利院抢救性考古发掘了明代太监洪保墓。在洪保墓封门的墙体上，立有一块石碑，石碑上刻有完整的寿葬铭，铭文题"大明都知监太监洪公寿藏铭"等17个大字，篆书；正文竖刻阴文，楷书，共25行741字，详细记录了墓主人一生的事迹。

洪保墓及其寿葬铭的发现，对研究郑和下西洋的历史事实也有积极意义。比如铭文中有："永乐纪元，授内承运库副使，蒙赐前名。充副使，统领军士，乘大福等号五千料巨舶。赍捧诏敕使西洋各番国，抚谕远人。"铭文印证了"大福号"宝船，规格为"五千料"，从史料的角度证明了"长四十四丈四尺"的郑和宝船的存在。

10. 郑和像

郑和虽因明太祖平滇战争被虏成为太监，但因其聪明精干且相貌俊秀，不久被燕王选入府中。在燕王府郑和发奋学习，努力提高自身修养，干事麻利，很快成为府内侍从的佼佼者。在"靖难之役"时，28岁的郑和出入战阵，屡立功勋，尤其是郑村坝一役，郑和配合朱棣战术，击败建文帝调集的50万大军，为燕王最终问鼎金陵夺得帝位立下奇功。朱棣登基后，赐三保"郑"姓，并封其为内官

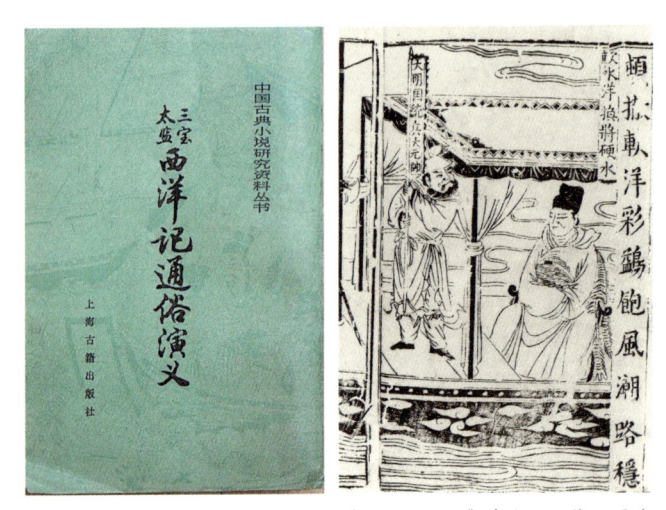

图八十三　明代小说《三宝太监西洋记通俗演义》中郑和画像，图片由郑宽涛提供

监太监，从此成为朱棣倚重的心腹和助手。

郑和的外貌形象，在一些历史遗著中多有描述——

《郑和家谱》记载："公次子和，才负经纬，文通孔孟。"

傅维鳞《明书》记载："郑和丰躯伟貌，博辨机敏。"

小说《三宝太监西洋记通俗演义》描述郑和："头戴一顶嵌金三山帽，身穿一领簇锦蟒龙袍，腰系一条玲珑白玉带，脚穿一双文武皇朝靴。"

明代著名相士袁忠彻在其所著的《古今识鉴》中所描绘的郑和："身长九尺，腰大十围，四岳俊而鼻小，眉目

第五章　诰命——英名永存　华侨之神

图八十四　民间流传的郑和太监造像，图片由郑自海提供

图八十五　南京郑和公园东广场上的郑和的标准雕像，图片由吴捍新提供

分明，耳白过面，齿如编贝，行如虎步，声音洪亮。"朱棣最信任袁忠彻的相面之术。当他为派遣谁堪担出使西洋重任的人选时，袁忠彻说："三保姿貌才智，内侍中无与比者，臣察其气色，诚可任。"朱棣听闻此言，立刻决定郑和出任下西洋统帅。果然，郑和在下西洋中不负众望，创造了举世震惊的航海壮举。

1985年，纪念郑和下西洋580周年庆典以及2005年纪念郑和下西洋600周年大庆时，南京多处郑和纪念场馆竖立了造型各异的郑和雕像，其中最为神似的就是位于南京郑和纪念馆庭院内的一尊郑和立像，俨然成为郑和的标准像。这尊白石郑和全身雕像，身材魁梧、英姿飒爽，身着朝服，目光坚定有神，神情严肃，看向远方，心驰海洋，神采飞扬，十分传神。许多海外华人也慕名前来瞻仰参观缅怀这位大航海时代的先驱。

二、与郑和相关的国内的遗迹遗址及纪念地

1. 云南昆明"马哈只墓"

马哈只墓是郑和父亲的坟墓，位于云南省晋宁县昆阳城月山西坡。

马哈只墓碑为红砂石质，高1.66米，宽0.94米。半圆形碑额篆书"故马公墓志铭"，四周刻卷草纹饰，下为

第五章 诰命——英名永存 华侨之神

图八十六 位于云南省晋宁县昆阳城月山西坡的马哈只墓照片,图片由郑自海提供

砂石龟座。碑阳正文阴刻楷书14行,行28字,共284字。碑阴右上角题刻:"马氏第二子太监郑和奉命于永乐九年十一月二十二日到于祖家坟茔祭扫追荐,至闰十二月吉日迺还,记耳。"碑文揭示了永乐三年(1405)郑和被命钦差正使、总兵太监第一次下西洋前,请礼部尚书、大学士李至刚撰写了父亲的墓碑文,同时揭示了郑和"奉命"回乡省亲、扫墓的时间,这是郑和自少时离乡后,一生中唯一的一次回乡、祭扫。

光绪二十年(1894),马哈只墓碑在荒草中被发现。1912年,墓碑铭文被公布于世。1980年,晋宁县人民政府在马哈只墓地周围建砖墙、置铁栏杆、安铁门;1983

年又建拱形顶盖遮护墓碑。1983年1月，马哈只墓碑被列为云南省重点文物保护单位；2005年6月，经国务院批准公布为全国重点文物保护单位。

2. 江苏太仓刘家港

刘家港位于江苏省苏州市太仓县境内，毗邻东海，是长江南岸的深水港，是郑和下西洋船队装载货殖、起锚远洋的出海口。

张采纂崇祯《太仓州志》卷七《水道》记载：自古以来，太仓"开海运，通直沽，舟师货殖，通诸蛮夷，遂成万家之邑"。航海业的发展，使太仓"番商贾客，云集阛阓；粮艘商舶，商樯大桅，集如林木"，呈现一派繁荣景

图八十七　苏州市太仓县郑和公园一角，图片由贾铁甲提供

图八十八 太仓县娄东镇刘家港天妃宫遗址,图片由吴之洪提供

象,"四方谓之'天下第一码头'"。

太仓除了供应远洋船队的粮食、土布外,还要为船队补充常年航行的生活用品,承担船队远航前的各项准备工作。在这里,可容纳两三万船员集中等待起航,可组织几倍于船员的民夫、民船为船队驳运、装卸货物,还可以举行盛大的妈祖祭祀活动和三军犒赏活动等。

刘家港位于马头江的出海口。《读史方舆纪要》载:马头江"江面益阔,又东北与大海相连,波涛震撼"。且此地有天妃宫,郑和每次下西洋之前,都要率全体下洋官兵在太仓和长乐的天妃宫祭祀天妃,祈保平安。

明宣德六年(1431),正使太监郑和等在太仓县娄东

图八十九　太仓县娄东镇刘家港的天妃宫碑亭，图片由郑宽涛提供

通番事迹之记

皇明混一海宇,超三代而轶汉唐,际天极地,罔不臣妾。其西域之西,迤北之北,固远矣,而程途可计。若海外诸番,实为遐壤,皆捧琛执贽,重译来朝。皇上嘉其忠诚,命和等统率官校旗军数万人,乘巨舶百余艘,赍币往赉之,所以宣德化而柔远人也。自永乐三年奉使西洋,迨今七次,所历番国,由占城国、爪哇国、三佛齐国、暹罗国,直逾南天竺、锡兰山国、古里国、柯枝国,抵于西域忽鲁谟斯国、阿丹国、木骨都束国,大小凡三十余国,涉沧溟十万余里。观夫海洋,洪涛接天,巨浪如山,视诸夷域,迥隔于烟霞缥缈之间。而我之云帆高张,昼夜星驰,涉彼狂澜,若履通衢者,诚荷朝廷威福之致,尤赖天妃之神护佑之德也。神之灵,固尝着于昔时,而盛显于当代。溟渤之间,或遇风涛,即有神灯烛于帆樯,灵光一临,则变险为夷,虽在颠连,亦保无虞。及临外邦,番王之不恭者生擒之,蛮寇之侵掠者剿灭之,由是海道清宁,番人赖以安业。皆神之赐也。神之感应,未易殚举。昔尝奏请于朝,纪德太仓之官,建宫于南京龙江之上,永传祀事,钦蒙御制纪文,以彰灵贶。褒嘉之盛,盖莫大焉。和等自永乐初,奉使诸番,今经七次,每统官兵数万人,海船数百艘,自太仓开洋,由福建福州五虎门扬帆,首达占城国,以次遍历诸番国,宣读赏赐,使其感慕,际豪华之盛,自古未有。和等上荷圣君宠命之隆,下致远夷敬信之厚,统舟师之众,掌钱帛之多,夙夜拳拳,惟恐弗逮,敢不竭忠以国事为重。此神之贶,默佑之功。宣德五年仍往诸番,驻泊兹港,等候朔风开洋,思昔数次,皆仗神明护助之功,如是,勒记于石。

一永乐三年统领舟师至古里等国,时海寇陈祖义聚众三佛齐国,劫掠番商,亦来犯我舟师。即有神兵阴助,一鼓而殄灭之,至五年回还。

一永乐五年统领舟师往爪哇、古里、柯枝、暹罗等国,其各国王各以方物珍禽异兽贡献,至七年回还。

一永乐七年统领舟师前往诸番国,道经锡兰山国,其王亚烈苦柰儿负固不恭,谋害舟师,赖神显应知觉,遂生擒其王,至九年归献,寻蒙恩宥,俾归本国。

一永乐十一年统领舟师往忽鲁谟斯等国,其苏门答剌国有伪王苏干剌,寇侵本国,其王宰奴里阿比丁遣使赴阙陈诉,就率官兵剿捕,神功默佑,生擒伪王,至十三年归献。

一永乐十五年统领舟师往西域,其忽鲁谟斯国进狮子、金钱豹、西马;阿丹国进麒麟,番名祖剌法,并长角马哈兽;木骨都束国进花福禄并狮子;卜剌哇国进千里骆驼并驼鸡;爪哇、古里国进麇里羔兽。若藏若微,捕获之,以归献。远方异域,咸归于王化,而至治之盛,自古所无。

一永乐十九年统领舟师,遣忽鲁谟斯等国使臣久侍京师者,悉还本国。其各国王益修职贡,视前有加。

一宣德五年仍往诸番国,开读赏赐,驻泊兹港,等候朔风开洋。

宣德六年岁次辛亥春朔 正使太监郑和、王景弘,副使太监朱良、周满、洪保、杨真,左少监张达等立。

图九十　太仓县《通番事迹之记》碑碑文,图片由吴之洪提供

镇刘家港的天妃宫敬立有一块《通番事迹之记》碑，存留至今，碑曰："……和等自永乐初奉使诸番，今经七次，每统领官兵数万人，海船百余艘。自太仓开洋，由占城国、暹罗国、爪哇国、柯枝国、古里国，抵于西域忽噜谟斯等三十余国，涉沧溟十万余里……"这块碑所记述的郑和下西洋的经过，具有十分珍贵的史料价值。

3. 福建泉州长乐太平港及郑和石碑、郑和铜钟

郑和七次下西洋，每次都在泉州长乐的太平港、五虎礁一带候风开洋。因此，福建长乐是郑和下西洋的"开洋"之地。

郑和远洋船队的部分船舶是在福建泉州一带建造的，船上的火器、弓弩、刀牌等兵器，也多由福建都司辖下的3个"成造军火器局"提供。大批福建人随正使太监郑和及福建籍航海家、正使太监王景洪出使远航，一些人就留居东南亚各地，与当地人民共同开发南洋。而且，福建是妈祖信仰的发祥地，郑和七下西洋的成功，推动了华人移民海外的热潮，他们把对妈祖信仰也传播到世界各地。

明宣德六年（1431），正使太监郑和率官兵在福建泉州长乐南山寺敬立了一块《天妃灵应之记》碑，保留至今。该碑较为详细地记载了七下西洋的主要经历。碑曰：……其西域之西，迤北之国，固远矣，若海外诸番，实为遐壤，

第五章 诰命——英名永存 华侨之神

图九十一 位于福建泉州长乐港的《天妃灵应之记》碑,图片由张元啟提供

皆捧珍执赘，重译来朝。皇上嘉其忠诚，命和等统领官校旗军数万人，乘巨舶百余艘，赍币往赍之。所以宣德化而柔远人也。自永乐三年奉使西洋，迨今七次，所历番国：由占城、爪哇国、三佛齐国、暹罗国，直逾南天竺锡兰山国、古里国、柯枝国，抵于西域忽鲁谟斯国、阿丹国、木骨都束国，大小凡三十余国，涉沧溟十万余里……

图九十二　郑和铜钟，图片由董卫民提供

明宣德六年（1431），郑和第七次下西洋前，为其所建长乐南山三清宝殿而铸造大铜钟一口，祈求出海航行平安。

该钟俗称"郑和铜钟"，身高69厘米，壁厚2厘米，重77千克；葵口，覆釜形，钟钮双龙柄；钟肩浮印云气如意纹，钟中部以云水波浪纹为母题；有八卦、云雷等纹饰和"风调雨顺，国泰民安"铭文；钟下部有楷书铭文五组，共54字。

郑和铜钟于20世纪80年代初在福建省南平市被发现，

原件现藏于中国国家博物馆。

4. 宝岛台湾及"三宝姜"

据史实记载,郑和船队曾抵达台湾赤嵌一带,传说台湾凤山县有"三宝姜",系三宝太监所植,可疗百病。

5. 山东德州苏禄国东王墓

永乐十五年(1417)郑和四下西洋回国时,古苏禄国东王、西王、峒王三家王侯(以东王巴都葛叭答剌为尊),率领家眷、官员共340多人组成友好使团,携带珍珠、宝石、玳瑁等珍奇特产,随郑和船队来大明"效贡",受到

图九十三 位于山东省德州市北营村的苏禄国东王墓,图片由郑自海提供

永乐皇帝隆重接待。成祖对东王"封为国王。赐印诰、袭冠带及鞍马、仪仗器物"。苏禄使团在京居留27天后辞归，9月13日到达德州时，东王突患急症不幸殒殁。成祖深为哀悼，亲撰悼文，为东王举行隆重葬礼，谥曰"恭定"，并为其在德州城北择址建陵。成祖又封王长子都马含为苏禄东王，以继父志，并劝谕都马含随西王、峒王回国，同意东王妃葛木宁、次子温哈剌、三子安都鲁及侍从共10人留居中国。

苏禄国东王墓，坐落在山东省德州市城区北部的北营村，安葬着苏禄国（今属菲律宾）的一位国王和他的王妃及两位王子，是我国唯一驻有外国王室后裔守陵村落的异邦王陵。

永乐十六年（1418），明政府按礼制为东王建陵区、修祠庙，立"御制苏禄国东王碑"，成祖亲撰碑文。明宣德年间敕造清真寺一座。明朝对守墓的东王后裔赐田免税，月供口粮、布匹、银钞等。

现今的苏禄东王墓是一处以王陵、享堂、御碑亭、牌坊、神道和清真寺、碑廊为主的陵园式古建筑群，布局错落有致。神道入口为新制汉白玉石牌楼一座，神道两侧有六方石望柱一对，以及石虎、石狮、石马、石羊、马倌、文臣武官石象生六对。明成祖朱棣御笔撰写的神道碑在神道南端东侧。享堂是祠庙的主体建筑，占地130多平方米，

18根大红柱气势雄伟。古朴典雅的祠庙大门外，一对新雕刻的石狮雄踞左右。

1956年，苏禄国东王墓被列为首批山东省重点文物保护单位，1988年1月13日被国务院公布为第三批全国重点文物保护单位。

6. 西安化觉巷清真寺

化觉巷清真寺通称清真大寺，坐落于西安鼓楼西北隅，始建于唐天宝元年（742），后经各代扩建维护。永乐十一年（1413），经郑和奏请重修。

图九十四　位于西安鼓楼西北隅西安化觉巷清真寺，图片由郑自海提供

寺院占地总面积13000多平方米，建筑面积约6000平方米，轴线东西向，南北宽47.56米，东西长245.68米。方位坐西向东，额曰"清修寺"。寺内楼、台、亭、殿疏密得宜，南北建筑遥相对称，四进院落置墙相隔，前后贯通，主要建筑有照壁、木牌楼、五间楼、石牌坊、敕修殿、省心楼、连三门、凤凰亭、月台、礼拜大殿等，四周为青色砖围墙。寺院内至今还保存有石雕盘龙、砖镂花墙、明建文元年（1399）兵部尚书铁铉所书"一真"雕龙匾、永乐三年（1405）成祖朱棣颁赐的"护持"匾以及明清各代用阿文、汉文镌刻的碑碣等。这些都是了解和研究我国伊斯兰教寺院的建筑沿革和艺术不可多得的珍贵历史文物。

化觉巷清真寺是西安市现存规模最大、保护最完整的明代建筑群。1988年，化觉巷清真寺被国务院公布为全国重点文物保护单位。

7. 福建湄洲妈祖庙

湄洲妈祖庙，位于福建莆田市湄洲岛，是世界上第一座妈祖庙，被称为"湄洲妈祖祖庙"，是妈祖文化的起源地、全球妈祖信众的朝圣中心。2006年5月25日，妈祖庙被国务院公布为第六批全国重点文物保护单位。

湄洲妈祖祖庙始建于北宋雍熙四年（987），历代屡经扩建修葺。明洪武七年（1374）泉州卫指挥周坐重建妈

图九十五　位于福建莆田市湄洲岛的湄洲妈祖祖庙，图片由郑自海提供

祖庙。永乐元年（1403）至宣德六年（1431），郑和奉旨遣官建造正殿。清康熙二十二年（1683），闽浙总督姚启圣获妈祖保佑建功而扩建祖庙时，把朝天阁重修并改为正殿，为重檐歇山顶、面阔三间、进深三间的抬梁结构建筑。康熙二十三年施琅重修。民国年间再度在旧址重修。20世纪80年代以来，妈祖庙进行了大规模修复兴建。

北宋宣和五年（1123）宋徽宗赐"顺济"庙额，这是妈祖首次获得朝廷褒封。经历了宋、元、明、清36次褒封，至清光绪元年（1875），妈祖封号达64字。

三、郑和下西洋沿线各国各地区的郑和遗址遗迹和纪念地

1. 印度尼西亚"三宝垄"

600多年前,郑和下西洋途中曾数次经过爪哇岛,到访三宝垄,当地人称郑和为"三宝将军",用"三宝太监"起名三宝垄。三宝垄市内有纪念郑和的三座寺庙——三宝宫、三宝庙、大觉寺。1966年,三宝垄市政府建立纪念碑,以印尼文、中文、英文记载了郑和的简历及访问印尼的经过。

三宝垄市为印度尼西亚爪哇岛北岸城市、中爪哇省首府,紧临爪哇海,是印度尼西亚第四大城市,三宝庙就坐落在三宝垄市西南10余千米处,是历史遗存最多、规模最大、影响最负盛名的郑和纪念地。庙宇富有浓厚的中国建筑风格,入口处耸立一座高大牌楼,楼檐呈扇形翘起,金碧辉煌。大殿内供奉有郑和的塑像,四周由四根朱红色的高大圆柱支撑,殿顶呈伞开状,顶上的红琉璃瓦在阳光映照下耀眼夺目。殿四周朱栏环绕,回廊相连。庭院中建有一个古色古香的配亭,置一高约2米的铁铸巨锚。相传此锚为三宝太监船队的遗物,朝观者视之为圣物,争相朝拜进香。

三宝庙内有一充满神秘色彩的三宝洞。三宝洞约有100平方米,洞口矗立着一尊郑和铜像,洞底有一股清泉,

图九十六　位于印度尼西亚"三宝垄"的三宝庙，图片由郑自海提供

终年潺潺流淌。据当地老一辈华人传说，用此清泉洗湿衣裳，百年后人的亡灵就能返回华夏故土。

2. 马六甲宝山亭、郑和像、三宝井

马六甲，古称"满剌加"，是当今马来西亚的一个州，在马来半岛南部，濒临马六甲海峡，与苏门答腊（明时称"苏门答剌"）遥望相对，是马来西亚自古至今重要的国际贸易交通港埠，国际上习惯称为马六甲海峡。郑和下西洋曾有六次在此停靠，因此留下了众多历史文化遗迹遗址和传说。

宝山亭位于马六甲三宝山山麓，是一座纪念郑和的庙宇，也是马来西亚华人最重要的纪念郑和的场所。因郑和

图九十七　位于马六甲三宝山山麓宝山亭内的郑和雕像,图片由郑自海提供

大军驻扎，后人为纪念他，故称"三宝山"。宝山亭建于1795年，建筑典雅凝重，黄瓦红柱，朱红庙门。庙门前有高大的树木，庙内前厅供奉一尊戎装披战袍佩剑的郑和雕像，上悬"以承祭祀"匾额，旁边有"五百年前留胜迹，四方界内显英灵"的对联。后院有一口三宝井，相传为当年郑和所凿，井水清澈甘甜，游人争相取水品茗。沿着庙后山坡攀登，脚下的斜坡就是三宝坡，是当年郑和经常驻足环视之处。庙旁一条马路被称为三宝街。山腰的荷兰红屋开辟有"郑和文物纪念廊"，矗立着高大威武的郑和石像，馆内保存着郑和下西洋时携带的印章、钱币等，还有一些史书典籍及图片、资料、实物，介绍了郑和七下西洋及与马六甲的历史关系。

3. 印尼三宝垄"迎神出巡"传统

三宝垄现有华人20多万人，华人的印记遍布该市。

相传中国农历六月三十日，是郑和下西洋首航爪哇、在三宝垄登陆的日子。每年此日，当地的三宝洞、三宝宫、大觉寺等处，都会举办一系列庆祝活动，如宾客敬香、木偶表演、文艺演出、放烟花、盛装游行等。三宝垄的华侨华人更是倾城而出，组织盛大的"迎神出巡"庆祝活动纪念郑和。人们抬着郑和神像出游，街道上锣鼓喧天、人山人海。当地民众感怀于"三宝太监"所带来的和平与友好，

图九十八　2022年农历六月三十日在三宝垄举行"迎神出巡"盛大游行场面，图片由郑自海提供

把明朝使臣供奉成"华侨之神"，体现了沿线所有华人华侨对郑和下西洋所做贡献的敬仰，表达了沿线人民企望幸福美满的美好愿望。

4. 郑和在斯里兰卡所立的《布施锡兰山佛寺碑》

锡兰，今斯里兰卡，郑和七下西洋时七次都到达了锡兰。

据《星槎胜览》记载："永乐七年（1409），皇上命正使太监郑和等赍捧诏敕、金银、供器、彩妆、织金宝幡，布施于寺，及建石碑，以崇皇图之治，赏赐国王、头目。"据此可知，郑和是奉旨在斯里兰卡立碑的。郑和下西洋时，曾在多地立碑纪念，但目前仅有此碑被发现，学术界通常称之为"郑和布施锡兰山佛寺碑"。

第五章　诰命——英名永存　华侨之神

图九十九　现藏于斯里兰卡国家博物馆的郑和所立"布施锡兰山佛寺碑"，图片由吴之洪提供

1911年，斯里兰卡在西海岸大城加勒修路时出土了这块石碑。碑文有三种文字，中文竖版居右，左上、左下分别横书泰米尔文、波斯文。因受风化腐蚀，碑上泰米尔文、波斯文难以辨认，中文大体可认。该碑现收藏在斯里兰卡科伦坡国家博物馆。

5. 非洲肯尼亚的"郑和村"

据史实记载，郑和下西洋时，曾在后四次下西洋过程中到达非洲东海岸的木骨都束、卜喇哇、麻林迪等地，即今索马里、肯尼亚等国家。现实的惊人之处是：非洲有一个延续数百年历史文化的"郑和村"，印证了郑和下西洋

图一百　非洲肯尼亚"郑和村"近照，图片由董卫民提供

第五章 诰命——英名永存　华侨之神

远航到非洲的史实。

在东非肯尼亚拉穆群岛最大的岛屿帕泰岛上，有两个与当地人种和民俗完全不同的村子——上加村和西尤村。村民们也一直都有一个传说，他们的祖先是郑和船队的水手，他们是中国人的后裔。

在上加村，村落中居民长着一张张中国人的面孔，唯独不同的只是肤色的差别，且肤色也不像非洲人那么黝黑，他们的头发是直发，有些村民会说一点点汉语。他们过着独特的节日——农历春节，这是其他非洲人所不过的。据当地人传说，600 年前，有一艘郑和小船队的船在拉穆附近海域触礁沉没，船上 20 多人求生爬上帕泰岛，来到了

图一百零一　肯尼亚西尤村（郑和村）女孩姆瓦拉卡·沙里夫，18 岁留学南京中医药大学，取名"郑华"，2012 年学成毕业，图片由董卫民提供

上加村。由于回国无望，他们只得扎根于此，在当地繁衍生息，最终慢慢形成了老上加村。如今，上加村有1000多人的规模。

上加村曾于14世纪至16世纪繁荣一时，后遭受葡萄牙殖民者入侵，上加村的原住民有些成了奴隶被贩卖到世界各地，有的村民迁至遥远的非洲大陆，有的迁往距上加村10千米外的西尤村。

在西尤村有一块特殊的墓地。按照穆斯林传统，墓地理当朝向北方的麦加圣地，但它却朝着东北方向的中国；墓地也没有穆斯林的石柱和阿拉伯铭文，取而代之的是中国瓷器。而在上加村，更有"王总兵"等中文铭文的墓碑。

6.格迪博物馆收藏的中国瓷器

格迪古城遗址位于肯尼亚麻林迪市西南约15千米处，是肯尼亚滨海省麻林迪地区最大、最重要的古代聚落遗址

图一百零二　考古学家进行拉穆群岛水下考古，图片由董卫民提供

之一。格迪古城大约兴建于12、13世纪，15、16世纪经历了大规模改建，繁荣到16世纪，后突然被废弃。20世纪初格迪古城被发现，1929年被宣布为文物保护单位，20世纪30年代晚期一些建筑遗迹得到修复，1948年被宣布为国家公园，后进行发掘研究工作，相继发掘出城址、宫殿、清真寺以及大量房屋、墓葬遗迹。

2010年，中国政府使用援款启动了中国—肯尼亚拉穆群岛地区联合考古项目，由中国国家博物馆、北京大学考古文博学院和肯尼亚国家博物馆等机构的考古专家们，对肯尼亚拉穆群岛的水下文化遗存、麻林迪市的陆上古代遗址，以及在肯尼亚沿海地区出土的中国文物进行调研。项目实施期间，联合考古队整理研究了万余件（片）出土自肯尼亚37处古代遗址和陈列在蒙巴萨市耶稣堡博物馆、拉穆岛拉穆城堡和格迪古城遗址博物馆3家博物馆的中国瓷器。[1]

2010年12月至2011年1月，中国考古学家对格迪古城遗址出土的1257件中国瓷器进行了研究分析，结论为：从产地看，景德镇窑瓷器有469件，龙泉窑瓷器737件，福建窑口瓷器30件，广东窑口瓷器14件，磁州窑瓷器1件，不明窑口瓷器有6件；从时代看，除上述6

---

[1] 商务部经济合作局：《中国航海日——中肯联合考古探寻郑和足迹》，发表于2022年7月11日。

图一百零三　肯尼亚曼布鲁依柱墓及镶嵌的中国瓷盘，图片由董卫民提供

件不明窑口瓷器外，南宋时期瓷器2件，元代瓷器289件，元末明初瓷器218件，明代早期瓷器296件，明中期瓷器101件，明后期瓷器362件。数据显示，格迪古城遗址出土的中国瓷器年代主要是元代至明初和明代晚期，元代至明初以龙泉窑青瓷为主，明代晚期以景德镇窑瓷器特别是青花瓷为主。[1]

本次联合考古整理研究发现，在肯尼亚蒙巴萨、麻林迪到拉穆群岛等非洲东海岸，自宋元到明清时代一直存在着密切而繁荣的商贸关系，这为研究、了解中非古代文化交流、经贸往来的历史提供了证据。

7. 肯尼亚曼布鲁依柱墓上镶嵌中国瓷盘

中国瓷器不仅是肯尼亚麻林迪区域最珍贵的生活用具，也成为该地区人们死后其墓葬上被广泛使用的重要装饰品。

东非沿海地区广泛分布着一种石质墓葬，有柱墓、小型柱墓、墓碑墓、墓柱和墓碑混合墓、阶梯墓等多种形式，包括柱墓在内的石质墓葬，地表一般用珊瑚石围筑而成低矮的方形或长方形建筑。大型墓葬墙外侧多刻出拱形小门，门上或周围挖出碗形或盘形壁龛，壁龛用于粘结陶瓷碗盘，

---

[1] 刘岩、秦大树、齐里亚马·赫曼：《肯尼亚滨海省格迪古城遗址出土中国瓷器》，《文物》，2012年11期。

图一百零四　阿曼国家博物馆中国瓷器展厅，图片由董卫民提供

作为墓葬的装饰。

曼布鲁伊、麻林迪老城遗址和格迪古城遗址中，共有6座大型柱墓。它们都用瓷器装饰墓葬，但方式上有所不同。曼布鲁伊柱墓直接用中国瓷器装饰墓柱，麻林迪老城柱墓在幕墙上镶嵌中国陶瓷，后一种方法在当地似更为普遍。

8. 阿曼马斯喀特古城堡

阿曼，明时称"祖法尔"。郑和七下西洋时，曾在第五、第六、第七次到达阿曼，其中第五次下西洋首航阿曼时，史料记载"祖法尔进贡长角马"。

第五章 诰命——英名永存 华侨之神

阿曼是阿拉伯半岛最古老的国家之一，享有"千堡之国"的美誉，在这片古老的土地上散布着数百座古代城堡，它们是阿曼人引以为傲的文化遗产，也成为阿曼旅游观光的一大亮点。

阿曼也是海陆贸易特别是海上贸易的先驱，见证了"海上丝绸之路"的繁华。阿曼北部的苏哈尔曾是波斯湾和印度洋贸易通道上活跃的贸易中心及港口，在与中国的贸易活动中发挥过重要作用。1200多年前，阿曼航海家阿布·奥贝德从苏哈尔起航，向万里之遥的大唐王朝航行，历尽千难万险成功抵达广州。

在位于首都马斯喀特市中心的阿曼国家博物馆，有专门陈列、介绍郑和下西洋和中国瓷器的展厅。在"乳香之地"展厅，最大的一件展品就是郑和船队的宝船模型。郑和下西洋时有三次抵达阿曼马斯喀特、萨拉拉等重要港口城市，极大地促进了商贸交流的繁荣，阿曼的亚麻、羊毛、香料和中国的丝绸、陶瓷、樟脑等珍贵货物在两国间频繁流通。在中国瓷器厅，展出了宋代苏哈尔之狮、明朝景德镇青花碗、青花缠枝牡丹纹罐等文物，馆内珍藏了数百件珍贵的中国瓷器。这些文物见证了千百年来中国和阿曼两国交往的历史，映衬出"海上丝绸之路"的辉煌。[1]

---

[1] 参阅《国际博物馆日——走进阿曼国家博物馆 感受绵延千年的丝路古韵》，央视网，2022年5月18日。

9. 海外郑和庙一览表

在东南亚一带,郑和是海外华人华侨之"神",称作"三宝太公",许多地方为郑和建庙塑像予以崇拜和祭奠,这些神庙叫作"三宝庙"或"三宝公庙"。据不完全统计,目前尚存的郑和庙还有14处,分别是:

序号	所在国家	郑和庙名称	地点
1	印尼	三宝庙	三宝垄市
2	印尼	三宝水厨庙(又名忠义之船庙)	雅加达市
3	印尼	三宝庙(又名威勒斯阿茜庙)	井里汶市
4	印尼	三宝庙(又名恩巴拉都)	泗水市
5	印尼	郑和清真寺	泗水市
6	马来西亚	三宝公庙(又名宝山亭)	马六甲市
7	马来西亚	三宝公庙	登嘉楼州
8	马来西亚	三宝庙及三宝宫	槟城市
9	马来西亚	三宝庙	吉隆坡市
10	泰国	三宝公庙(又名帕南车寺、巴南清庙)	阿瑜陀耶府
11	泰国	三宝公寺(又名弥陀寺、越干拉耶佛寺)	曼谷西吞武里县
12	泰国	三宝公佛寺(又名乌拍帕地卡寺)	曼谷东北柳县

续表

序号	所在国家	郑和庙名称	地点
13	菲律宾	白本头庙	苏禄市
14	柬埔寨	三保公庙	磅湛市

附表3 海外华人华侨建造的郑和庙一览表

四、全球代表性郑和文化研究机构

1. 南京郑和研究会简介

南京郑和研究会成立于1986年3月，是国内外最早成立的郑和研究专业性社会学术团体。2002年12月，南京郑和研究会更名为江苏省郑和研究会，后会址迁至江苏南通并注销了南京郑和研究会。数年后，南京籍专家学者决意重新恢复成立南京郑和研究会，经政府部门批准于2014年5月正式恢复成立，并由原南京市文广新局副局长陈平女士担任理事长，张元啟先生任法定代表人，郑和十九世孙郑自海先生担任秘书长。2020年，研究会设立了南京郑和海丝文化保护志愿者分会，致力于传播郑和文化和中华优秀传统文化、弘扬郑和精神，这是全国第一支郑和文化志愿者队伍。

30多年来，南京郑和研究会始终奉行"热爱祖国，睦邻友好，科学航海"的指导方针，积极开展郑和研究，传承郑和精神，提升全民海洋意识，促进对外开放，扩大

图一百零五　南京郑和研究会会址，图片由张元啟提供

对外交流，为实现中华民族伟大复兴的"中国梦"、为国家"一带一路"倡议提供相关理论研究和支持。1990年7月，南京的专家学者们联名上书倡议设立中国航海节并得到国家有关部门的肯定。2005年4月，国务院批准将每年的7月11日（郑和下西洋首航纪念日）确定为"中国航海日"。当年恰逢郑和下西洋600周年，专家学者们齐聚南京，举办了隆重的纪念大会。2015年7月11日，南京郑和研究会提议并协助南京市人民政府、郑和研究会举办了盛况空前的"郑和与21世纪海上丝绸之路国际论坛"暨"纪念郑和下西洋610周年研讨会"，郑和下西洋沿线

20多个国家的驻华使节出席了盛会。2020年7月11日，南京郑和研究会又在江苏经贸职业技术学院内以线上线下结合形式成功举办了"纪念郑和下西洋615周年南京国际学术研讨会"，国内及全球主要郑和学术研究团体均参加了会议。2020—2022年，南京郑和研究会协助马来西亚郑和研究院，连续三年成功举办了"国际郑和论坛"线上学术研讨会。研究会还集结、出版了《南京郑和研究》期刊。2015年10月，南京郑和研究会被授予了"全国先进社团组织"荣誉称号。

南京郑和研究会还先后多次参与了郑和墓、宝船厂遗址公园、大报恩寺遗址公园、牛首山佛顶宫、南京钧龙宝船置业有限公司"仿郑和宝船"等项目的策划与建设性工作。2015年，研究会设计、制作了全套《郑和下西洋》主题科普展板，并发行了郑和下西洋纪念邮册。2019年，研究会协助全新布展南京郑和纪念馆。同时，积极当好参谋，参与了大型歌舞剧《郑和》剧本的论证、电视连续剧《天朝使臣》专家审稿等活动。

多年来，南京郑和研究会积极影响、支持国内外各地相关郑和及下西洋学术研究机构的建设、研究工作，包括与中国台湾、中国香港以及新加坡、马来西亚、美国等国际郑和研究组织保持着友好往来和协作。同时，研究会也与江苏经贸职业技术学院、江苏海事学院、江苏科技大学等诸多院校建立了合作、共建关系,并成为相关院校的实践教育基地,受到各界广泛的赞誉。

2. 国内著名的郑和学术研究社团(一览表)

序号	名称	成立时间	备注
1	南京郑和研究会	1986年3月	
2	江苏省郑和研究会	1996年	前身为南京郑和研究会
3	晋宁县郑和研究会	1987年	
4	太仓市郑和研究会	1992年	
5	长乐郑和研究会	2001年7月11日	
6	云南省郑和研究会	2002年12月	
7	北京郑和与海洋文化研究会	2004年7月	
8	上海郑和研究中心	2006年7月11日	
9	郑和研究会	2008年12月11日	经民政部注册,在北京成立

3. 郑和研究国际学术机构(一览表)

序号	名称	成立时间	备注
1	英国伦敦郑和协会	2002年11月7日	

续表

序号	名称	成立时间	备注
2	新加坡国际郑和学会	2003 年	
3	中华郑和学会(中国台湾)	2005 年 2 月 27 日	
4	香港郑和研究会	2005 年	
5	美京华盛顿美洲郑和学会	2009 年	
6	马来西亚郑和学会	2012 年	
7	马来西亚吉兰丹郑和协会	2021 年 7 月	
8	马来西亚沙巴郑和协会	2022 年 1 月	
9	马来西亚国际郑和研究院	2022 年	

五、在江苏举办的部分郑和研究主题学术会议

1. "郑和与 21 世纪海上丝绸之路国际论坛"

2015 年初,南京郑和研究会提议举办"中国航海日"主题活动,得到南京市委、市政府有关部门的肯定。同年 7 月 11、12 日,由(中国)郑和研究会、南京市政府主办,市文广新局、社科联、市政府外事办和南京郑和研究会协办的"郑和与 21 世纪海上丝绸之路国际论坛"暨"纪念郑和下西洋 610 周年研讨会",在南京汉府饭店隆重举办,

文莱、马尔代夫、肯尼亚等郑和下西洋沿线20多个国家的驻华使节出席了会议,国内外多个郑和研究组织、学术团体等近300名代表参会。围绕"郑和与海上丝绸之路"主题,分别做了精彩的主旨演讲。10余名中外专家就郑和下西洋与21世纪"海上丝绸之路"、明代"海上丝绸之路"的历史文化遗存、"一带一路"与南京发展战略、"丝绸之路"与世界文明发展四大主题进行现场互动。

会议发表由南京郑和研究会起草的《南京宣言》。

会议期间,与会代表实地考察了南京博物院、宝船厂遗址和十里秦淮风光带,集体赴牛首山下的郑和墓举行祭

图一百零六 2015年在南京举办的"郑和与21世纪海上丝绸之路国际论坛"现场照片,图片由郑宽涛提供

扫仪式。文莱驻华大使等部分代表还拜谒了浡泥国王墓。组委会还策划组织了科普知识型的"郑和与21世纪海上丝绸之路"主题展览，并专门印制了具有纪念意义的郑和宣传画册和邮册。

会议收到论文40多篇，后编辑成一本《郑和与21世纪海上丝绸之路》论坛文萃出版。

2. 国内、国际"郑和国际论坛"线上线下学术研讨会

2020年7月11日，南京郑和研究会、江苏经贸职业技术学院联合主办了以"郑和与人类命运共同体"为主题的"2020年纪念郑和下西洋615周年国际学术研讨会"，这是疫情期间业界第一次举办的规模较大的郑和学术研讨国际论坛。

2021—2023年，（中国）郑和研究会、上海郑和研究中心等国内郑和学术研究社团，以及马来西亚郑和学会、新加坡国际郑和学会、美京华盛顿美洲郑和学会等国际郑和研究机构也举办了多种形式的线上线下论坛。其中，马来西亚郑和学会连续三年举办了以"弘扬郑和精神，维护世界和谐"等为主题的国际郑和论坛线上学术研讨会，南京郑和研究会协助举办。

2023年3月28日，新加坡国际郑和学会值该会成立20周年大庆之际，隆重举办了以"同聚为之，通贸天下"

为主题的大型国际文化交流活动——"郑和与海丝"国际论坛。

2022年12月4日,马来西亚国际郑和研究院组织举办了"新时代与郑和一路同行"线上交流会暨国际郑和海丝文化联盟合作备忘录、国际郑和研究院国际合作伙伴备忘录的签署仪式,马来西亚国际郑和研究院、新加坡国际郑和学会联袂南京郑和研究会、云南郑和研究会等18家国内、国际郑和研究社团和有关机构,共同成立国际郑和海丝文化联盟,以发扬和平协作、开放包容、互学互鉴、互利共赢为核心的丝路精神,传播中华传统文化,拓展海上丝绸之路沿线国家的文化交流与合作,从而打造郑和海丝文化传播新平台。

第五章 诰命——英名永存 华侨之神　　　　　　　　　　　　　　　　157

一百零七　"2020年纪念郑和下西洋615周年国际学术研讨会"现场，图片由刁翔正供

一百零八　宝船厂遗址公园所立郑和下西洋600周年纪念活动主题匾，图片由吴之洪供

后　记

　　《郑和》是《符号江苏·口袋本》系列中的一本,把"郑和"这一最具代表性、最具符号意义的江苏特色文化资源,通过图文并茂、深入浅出的中英文图书形式出版并向全球发行,是一件非常有意义的事。作为全国第一家专事郑和研究的社团组织,南京郑和研究会领受了撰稿任务后,有关领导和专家十分重视,多次召开专题会议讨论写作大纲,收集和整理历史资料,前往郑和在南京的遗迹遗址实地考察,数易其稿,在第十九个中国航海日的2023年7月11日前截稿。这其中,南京郑和研究会终身名誉理事长陈平女士题写了前言,理事长张元啟负责组织协调,吴之洪(主编)、董卫民(副主编)、吴捍新、庞继先、郑自庆、郑宽涛等直接参与了写作并提供图片,郑自海、王世清、刘文庆、贾铁甲、张元啟、刁翔正也提供了图片。江苏凤凰美术出版社为本书的编撰、出版、发行等工作所做的贡献,在此一并致谢。

南京郑和研究会
2023年8月